希林さんといっしょに。

SOURCE 31

是枝裕和 映画監督

希林さんといっしょに。

與希林攜手同行

呂宜庭 譯

臉譜

前言

這本書是二〇〇七年我與樹木希林女士相遇，到二〇一八年她過世的十二年間，在《SWITCH》雜誌進行訪談為基底延伸而成的作品。除了盡可能復原當時因各種原因不得不刪減的對話之外，我也邊翻閱自己的行事曆和拍攝日誌，邊回想在日常互動與電影拍攝現場她的一言一行。

過世後轉眼已過了一年，但環繞著希林女士話語及存在的出版品源源不絕。當然這本《與希林攜手同行》也是其中之一，但談的不是「人生訓勉」之類的內容，而是聚焦在她跟「演戲」相關的談話上。

悼詞中也有提到，她絕不是什麼「超級女演員」，且她本人是對此事最有自覺的人。舉例來說，考量到演出作品的數量與品質，今年過世的京町子女士才是最名實相符的「超級女演員」。

儘管如此，為何有這麼多人無法將視線從希林女士的一舉手一投足間移開呢？是回憶起什麼而想與她交流嗎？或是留下了什麼不願再回憶的強烈衝擊呢？我試著找出自己的理由，因此統整了這本書。

頂多十二年，在她七十五年的人生中，晚年的極短暫片段。而且我們之間基本上是不逾越作品製作過程產生的演員與導演之間距離感的交往。因此，我完全沒有自信能像希林女士長年的好友，或是為此書特別撰文的內田也哉子小姐這樣的家人，讓讀者在閱讀時充分感受希林女士的魅力。即使如此，我仍自豪能將部分她談論演出的言論以書籍的形式保留下來，我覺得這是件很有意義的事。

那麼，接下來，就讓我們一起與希林女士度過一段快樂的時光吧。

是枝裕和

目次

第6章 暴露「又老又醜」的樣子

平面設計　王志弘
封面攝影　川内倫子

第1章

跳脱日常、回歸日常

2008年5月20日

於西麻布／epices kaneko

以「必須超越劇本」的意志

是枝裕和（以下簡稱是枝）　我第一次見到希林女士，是在《橫山家之味》第一稿剛完成的時候。

樹木希林（以下簡稱樹木）　那時候，導演坐在長桌子對面，我一個人在這一側，不知怎麼地感覺像面試一樣。印象裡頭總覺得必須要說點有趣的話才行，就一個人說了一堆沒意義的話後回來了。

是枝　因為主角母親的角色我原本就打算拜託希林女士來演，所以從第一稿開始就是量身定做*1的了。雖然劇本尚未完成，但因為是主要角色，我想早點讓希林女士知道這件事應該會讓雙方都比較放心，因此提議會面。然後，希林女士連劇本都沒有讀，當場就答應參與演出了。

樹木　我想應該沒有讀的必要吧。「我們要拍這樣的家庭故事」「好，我知道了」就像這樣。我不看自己演出的電影，也不看別人的電影，所以我沒看過《無人知曉的夏日清晨》[*2]，即使是那麼有名的作品喔。但是，我知道是枝先生是那部片的導演。提到當初為何會接受《橫山家之味》的演出邀約，是因為是枝導演在《無人知曉的夏日清晨》中精準捕捉了YOU[*3]小姐的那種氣質並運用自如的緣故。因此我覺得一定沒問題，即使沒讀劇本也一點都不擔心。實際上，當時拜讀《橫山家之味》完成後的劇本，我也真的覺得非常出色。我一心只想著，必須超越啊，必須超越這部劇本才行。

是枝　真的非常感激。立志成為導演前，我就經常觀看希林女士演出的作品，希林女士即使只出現在一個畫面裡，該說是畫面會聚焦嗎？總之就是非常完美。如果真有機會一起工作，我想要和希林女士密切地合作，而非那種只有一個畫面的演出。儘管這麼說，在我成為導演後約十年的時間，我的作品相較於現在更接近紀錄片，考量到那種作品的性質和希林女士的戲路，就

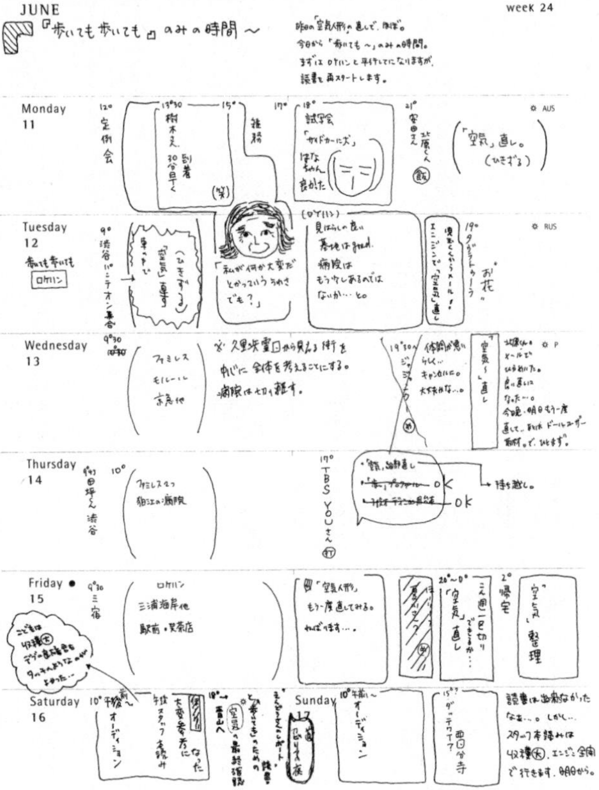

是枝二〇〇七年的行事曆，在六月十一日的格子裡

畫上初次見面的希林女士插畫及筆記。

覺得應該還不能一起合作吧……。因此，我在做足一切準備後提出《橫山家之味》的邀約，我自己覺得這部片完美地呈現了和希林女士的合作成果，並成功將我們以一種非常好的形式結合在一起。

樹木　《橫山家之味》是描寫某個夏日的家庭劇，一九六四年，我以悠木千帆[*4]的名字初次在電視上演出的《七個孫子》[*5]，也是一部家庭劇。我在那齣戲裡與森繁久彌[*6]先生相遇是件很重大的事。他在演戲時很注重人的本能反應、在生活中身體的感受，他會以吃、喝、打招呼這些日常瑣事來表現「人」的樣子。我從森繁先生身上看見這點，並驚覺其中的奧妙。我的戲路就是在那時定下來的，現在回想起來依然覺得就那樣也挺好的。但是另一方面，定下方向後卻會把劇本過度導向自己的戲路，結果就是，有幾次自己本來覺得很棒的東西，成品卻慘不忍睹。

轉捩點是在一九八一年，我碰上早坂曉[*7]先生寫的劇本《夢千代日記》[*8]。這部劇本的框架很完整，拍攝現場就是將演員一個個擺進畫面裡，這對戲路已經眾所皆知的我來說是個好機會。我透過這樣先有個想要描寫的東西，再將自己放進去的過程，成功改進了自己的演技。我想假如我還是用從前相同的方法繼續演下去的話，女演員的生涯應該早就結束了吧。

不過，雖然我的演技順利改進了，但從森繁先生身上學到的東西卻深深地留在我的身體裡，那使我……該說是自我要求變高而無法滿足嗎（笑）？那些東西，也許在廣告裡有做到一點點吧。

是枝 希林女士是從一九六六年開始飾演電影中的小角色的，直到二〇〇七年在《東京鐵塔：老媽和我，有時還有老爸》*9演出母親，中間幾乎沒有擔任撐起整部作品的那種要角，其中是否有什麼原因呢？

樹木 我一直因為電影會流傳下去而感到很排斥。以前沒有把電視用錄影機錄起來這種事，影像轉眼消失，那樣很好。但是，現在似乎變成電視也不知怎地會流傳下去的時代了，我感到很害怕。所以不知不覺就這麼飄盪著，持續只在電影裡出現一個畫面的狀態。

所以說，我一直在想為何會走到像是枝導演這樣的人主動向我搭話這一步呢，應該是因為「生病」吧。雖然我沒有因為生病而改變演出電影的方式，但心態卻有了很大轉變。好像變得比較謙虛了，生活態度也是。應該是那種謙虛的姿態偶然被看見，使人興起想試試和我合作的念頭吧。

以前，我曾上過明石家秋刀魚*10先生的節目，秋刀魚先生說：「希林女士，演藝圈不是看才能，是看人品啊。」那時我想：「像秋刀魚先生這樣的人也會說那種話啊！」但回頭省視自己後，我發現說不定真是如此。把自己變得像水一樣，遇到三角形的話就變三角形，四方形的話就變四方形，圓形的容器就變成圓形，努力讓自己保持純淨無瑕的狀態進到容器裡才是重點吧。與是枝導演的相遇，就是在我開始這麼想的時候。

像這樣嘗試重新檢視自己的歷程，我不禁想：「哎呀，我豈不是到了個絕佳狀態嗎？」我女兒（內田也哉子*11）也說：「媽媽你呀，好像運氣很好耶！」我這麼告訴她：「那個啊，是人品喔！」（笑）

是枝　（笑）再請教一下，《橫山家之味》的拍攝現場如何呢？

樹木　是枝導演指示「這邊，請到此為止就好」、「做到那樣就可以了」等等，全都恰到好處。雖然不會因為表現得更多而使作品崩壞，但從結果來看卻因為在那些地方被制止使得個人在整體中更加醒目。由於像那樣為演員拍攝的現場很稀有，感覺十分新鮮。我想那就是所謂的「創作者」吧。能和導演一起合作，真的非常愉快。雖然我是常被說「不用做到那種程度」的類型（笑），但導演的情況是，我深知其中的理由，因此不會無法消化。

是枝　這個作品，我想只用日常的事物來做成一部電影，那種具體且日常的東西。那也包含了角色的行為和台詞。像「在廚房會發生怎樣的事呢？」或是「玄關可以發展出怎樣的故事呢？」等等，只要人和這些具體的物品或場景有所關聯，人的個性、感情等應該就會顯露出來，因此我才想在那裡喊停。假如拍天婦羅的話，我就想只以天婦羅這件事為中心來彰顯一些東西。我打算做的那種具體的事物，剛好與希林女士所想的「從日常中顯露出的東西」完美重疊。

例如：飾演主角的阿部寬*12先生帶著妻子及繼子回老家的場景中，希林女士在玄關說著「歡迎」並將手交疊鞠躬，但小孩子沒有穿希林女士排好的拖鞋就這麼跑走了。那時，希林女士手上拿著拖鞋，彎著腰跟在小孩後面走掉。我在劇本中並沒有寫「拿拖鞋跟著走」，因此那是希林女士思考後自發性的動作。我看到那一幕時不禁想：「哇，真是太厲害了！」雖然拿著沒穿的拖鞋走掉這件事沒有什麼特別的意義，但那讓人覺得：「啊，這就是母親啊！」不只我這麼想，攝影師山崎裕*13先生也說，「那個彎著腰的樣子真棒啊……」看著希林女士，我深切感受到從排拖鞋、剝蝦殼等等這種無意的行為中，能使各式各樣的東西顯露出來。

此外，還有希林女士說：「那一定是我兒子！」追趕著紋黃蝶的場景，以及提到每年來上香的男性時說：「我每年都會叫他來！」的場景。只有這兩個場景稍微跳脫母親的日常，但希林女士接著馬上說「去洗澡吧」，又回歸

到日常中。由於沒有脫離太遠，馬上又回歸到日常裡，孩子反而更害怕。我覺得希林女士跳脫和回歸日常的手法真的非常令人佩服。

樹木 所以啊，那種地方當然不是不經意的動作，大部分的人卻都不會注意到（笑），如果是殺人之類的特殊場景，大家絕不會忽略的。對演員來說，毫不起眼的小動作能被看見，真的是件非常開心的事。那正是我從家庭劇一路培養過來的東西。是枝導演很認真地注視人活著、動著、持續著，並以那種方式拍攝。而且，還這麼年輕喔。雖然我當演員已經幾十年了，還真沒遇過幾個。大概是時隔幾十年的相遇。我想，現在應該有很多感到前途茫茫的演員，但因為有導演這樣的人存在，我希望他們能放心（笑）。《橫山家之味》是個對演員來說很幸福，也能放心演出的現場。

是枝 非常謝謝您。有一點想向您請教，在劇中有一幕邊織著毛線邊對兒子說：「所以我才找他來啊。」的場景，對吧？劇組人員都明白那個場景非常重要，因此靜靜地進行準備、直到正式開拍、喊卡……整個過程都非常平穩、順利。然而看了成品之後，竟意外發現那是一段既完美，又同時傳達出驚悚氛圍的片段，連攝影師山崎先生都說他看得不寒而慄。而且，在那個拍攝希林女士側臉的長鏡頭中，您的眼睛連一次都沒有眨過。那不是您刻意的，對吧？

樹木　我壓根沒有意識到這件事。雖然不是刻意的，但一想到死去的兒子，就悲傷得像心被掏空了一樣，因此，手上的毛線也是無意識地織著的。

是枝　是啊，果然和我想的一樣。

樹木　或許對那個母親來說，織毛線是主婦閉著眼睛也會做的事吧，她的心思只專注想著「那個時候，那孩子……」。那段最精采的，比起這個，不如說是以我喉嚨「咕嚕」一聲作結的剪輯手法。我覺得那裡不該表現得太激動而壓抑了情緒，結果話一說完喉嚨就自然地「咕嚕」了一聲。那一幕不僅被完整地拍下來，甚至還被剪進了成品裡。這位導演因為有那種能力，所以前途不可限量啊（笑）。

是枝　我在想：「這雙眼睛究竟在看著什麼呢？」我知道您不是刻意不眨眼的，所以在剪輯時我一直在想，這眼神的前方究竟有什麼呢？那部分真的很令人折服。

在此重提一下我的私事，我媽媽在我拍前一部作品《花之武者》*14時住院，並在電影的收尾階段過世了。那不僅對我是很大的精神打擊，也讓我覺得，即使不是自傳也無所謂，但如果不先將媽媽的故事拍起來，我就無法繼續向前走了吧。那是《橫山家之味》誕生的一個很大的契機。

但是正因為剛經歷媽媽漸漸變虛弱的過程，就更不願把那些如實地拍成電影。在媽媽床邊回憶起的，反而都是些很具體的日常小事，像是媽媽的背影、握著菜刀的手、甚至刻薄的言語等等，是那些雖然很微不足道，卻已喚不回來的東西。我把那些拍進電影裡，相較戲劇效果，我反而更希望人們能將它們視為獨一無二的日常。

其實，我因電影的上映活動而去大阪時曾被記者問道：「您沒有打算更著墨於父母漸漸老去的過程嗎？」對我來說，兒子返鄉，在浴室裡發現髒污的磁磚和新裝設扶手的場景，就已經埋下一個種子了。那個場景若留在觀眾的腦中，即使不拍出父母老去的過程也無妨。由於已經先埋下不安的種子，之後無論看到父母多麼健壯，心中還是會隱約牽掛吧。我覺得那樣就夠了。

樹木　那就是是枝導演的品格啊。現在即使看電影或連續劇，總是有事件發生了，然後又有事件發生了，被那些事件填滿，對吧？人們誤會沒有像那樣特殊的事件就不是連續劇、不是電影，這很可怕。人類的世界就是什麼事都沒發生的日常組成的，這部作品讓觀眾再一次領會這件迷人的事。確實，能夠欣賞這種細膩作品的觀眾愈來愈少，期望劇情能更戲劇化的也一定不在少數。但是，經歷時代的考驗，過幾十年再回頭看的話，這些一定會留下來。說到底如果不以那個為目標，導演也沒有製作下去的意義了，對吧？

是枝　對啊（笑）。我真的只希望，有人覺得「我做得真好啊」如此而已。製作人和演員在哪部作品中如何相遇都是緣分。當然也有「人品」啦（笑），但我覺得還是得看運氣。在這個作品中能和希林女士一起合作，對我來說真的是很幸運的一件事。真的非常感謝。

這個訪談是在西麻布一間叫做「epices kaneko」的餐廳進行的。那時正在籌備《橫山家之味》的上映活動，兩人單獨對話還會有點緊張的時期。

初次見面要回溯到一年前，二〇〇七年六月十一日的廣尾。在《橫山家之味》安田匡裕*15製作人擔任會長的ENGINE FILM*16的會議室裡。因為業界流傳不久前拍攝電影《東京鐵塔：老媽和我，有時還有老爸》時，希林女士和導演時常意見不合，我想還是提前先見一面再說，因此提了這個邀約。

希林女士比約定時間早了三十分鐘到。把包包裡的地瓜乾拿出來放在桌上，她從家裡走到廣尾的路上，好像順路去了有墓園的光林寺，那是在寺廟旁的「Nikunohanamasa」超市買的。希林女士饒富興味地環視了在場驚慌失措的工作人員，說了一句：「明明距離開拍還有段時間，這麼早就找我來是因為外面流傳著我很難搞之類的謠言嗎？」好像全被看穿了。

這次做為訪談地點的餐廳是棟鋪著水泥的現代建築，聽說以前希林女士將這裡當成住家兼事務所，和家人一起住在這裡。訪談結束時主廚也出來打了招呼。「我啊，現在還是這裡的房東喔！所以偶爾會來光顧一下。」希林女士笑著說。這家店訪談後希林女士還帶我去過好幾次。我記得那道在屋頂種植的蔬菜上加入雞胗的沙拉十分美味，希林女士也很喜歡。

吃飯時的話題大半都是「你看過那個了嗎？」等近期的電視劇或電影的感想，或是《Wide Show》中提到的藝人醜聞，希林女士直言不諱的評語讓人拍案叫絕，而那些絕對是電視評論家不會說出口的。希林女士說：「你啊，從藝人怎麼處理醜聞就可以看出一個人的度量喔。因此要求主持人『請別問那個問題』來打斷是件很可惜的事……」希林女士特別喜歡的是，在這個時代幾乎不能提的假髮、同性戀、整形，還有離婚的贍養費以及不動產的話題。在那樣開心的「閒聊」中，偶爾會蹦出森繁久彌先生、渥美清*17先生、由利徹*18先生、三木紀平*19先生的往事。「有過（那樣的事）呢……」希林女士會邊精湛地模仿森繁先生帶點鼻音的腔調，邊一人分飾兩角。我事後追悔不已，如果當時有錄音就好了。

有一次，我們約了要吃飯，希林女士說「我開車到你家接你」，我心裡頗有惶恐不安之感，希林女士跟初次見面時一樣，在我準備好之前人就到了。她按了樓下門鈴，一個人搭電梯上來。我不知所措地問：「要進來喝杯茶嗎？」希林女士說：「不用啦不用啦，」在玄關前環視房間一圈後馬上就走掉了。

車子行進間，希林女士問：「你啊，這個房子，大概〇〇〇元？」金額分毫不差。「沒辦法賣得太高價喔！大概，七成左右吧……」希林女士之所以比約定時間早到，主要是為了在住處附近走一走，確認地理位置後估價。她好像時常這麼做。據說市川崑*20導演過世時也是，希林女士說「因為是鄰居」所以前去弔唁，問了她：「咦，您有參與導演哪部作品嗎？」她抿嘴一笑「沒有啦」。她說：「因為每次經過都覺得真是間絕佳的房子，我一直想進來一次，看看房子內部的樣子。」真是太會把握機會了吧！

話說回來，那之後大概過了三年，我賣了房子，成交價確實如希林女士所說，正是我購入價格的七成。

註

＊1　量身定做

「指定演員後書寫」之意，編劇預設演員後再編寫劇中角色。

＊2　《無人知曉的夏日清晨》

是枝二〇〇四年八月公開上映的第四部電影作品。以一九八八年發生的巢鴨兒童遺棄案件爲題材，親自寫下原創劇本並執導。主角柳樂優彌是坎城影展史上最年輕且第一位拿到最佳男主角獎的日本人。其他演員還包括北浦愛、木村飛影、清水萌萌子、韓英惠、ＹＯＵ等。

＊3　ＹＯＵ

藝人、演員、歌手。一九六四年生於東京。經歷模特兒、音樂活動，活躍範圍擴及綜藝節目、電視連續劇、電影等。是枝的作品中則演出《無人知曉的夏日清晨》、《橫山家之味》、連續劇《Going My Home》等。

＊4　悠木千帆

樹木希林的舊藝名。一九六一年成爲文學座劇團第一屆學生，之後以「悠木千帆」的名義展開女演員生涯。「悠木」來自父親覺得「演藝圈裡『勇氣』是必要的」（譯註：日文中悠木的發音與勇氣相同），「千帆」則是取自版畫家前川千帆。在一九七七年播出的朝日電視台創台紀念節目的拍賣活動，樹木以「沒東西可賣」爲由將藝名拿來拍賣，由東京・青山的精品店老闆以四十萬日圓得標（二〇〇四年，精品店老闆將名字免費轉讓給女演員山田和葉）。賣出藝名後曾考慮改用本名「內田啓子」，但最後決定更名爲能聯想到「樹木聚集在一起成爲稀有樹林＝衆人聚集在一起就能孕育出某些東西」的「樹木希林」。

＊5　《七個孫子》

一九六四年及一九六五～六六年在ＴＢＳ的國民劇場播出。以森繁久彌扮演的明治時期出生的祖父爲中心，加上大正時期出生的父母，七個人交織而成的大家庭連續劇。編劇向田邦子及導演久世光彥的成名作。

＊6　森繁久彌

演員。一九一三年生於大阪府。早稻田大學退學後，當上ＮＨＫ主播，前往滿洲國就任。回國後，在舞台和廣播節目的演出中以喜劇演員的身分廣受矚目。代表作有電影《社長系列》、《站前系列》、《夫婦善哉》、連續劇《七個孫子》、《蘿蔔之花》、《父親的鬍子》等。二〇〇九年過世。

＊7　早坂曉

小說家、編劇。一九二九年生於愛媛縣。曾任報社總編輯，之後一面擔任插花評論家，一面撰寫電視劇劇本，在日本電視台的記錄文學劇場中，以節目企畫作家的身分參與全系列作品。代表作有《刑警七人》、《夢千代日記》、《花遍路》、《必殺系列》等。二〇一七年過世。

＊8　《夢千代日記》

在NHK的電視劇人間百態中於一九八一年（全五集）、八二年（全五集）、八四年（全十集）播出的三部曲。由吉永小百合主演藝伎館「春屋」的老闆娘，樹木則扮演年輕的藝伎——菊奴。此外，樹木是一九八五年改拍成電影時，唯一飾演同一角色的人。

＊9　《東京鐵塔：老媽和我，有時還有老爸》

Lily Franky同名原作小說翻拍的電影。二〇〇七年四月公開上映。由小田切讓演出「我」，樹木希林演出「媽媽」，樹木希林的親生女兒內田也哉子演出「年輕時期的媽媽」，小林薰演出爸爸。

＊10　明石家秋刀魚

搞笑藝人、主持人。一九五五年生於奈良縣。以單口相聲演員爲志，後在師傅的推薦下轉爲搞笑藝人。樹木演出的明石家秋刀魚的節目名爲《秋刀魚盛宴》，曾以來賓身分參加過兩次。一九八八～九二年間，與曾演出是枝裕和作品《海街日記》的女演員大竹忍結婚。

＊11　內田也哉子

隨筆作家、歌手、演員。一九七六年生於東京。音樂家內田裕也及演員樹木希林之女。丈夫爲演員本木雅弘。長女伽羅曾演出是枝的作品《奇蹟》。在電影《東京鐵塔：老媽和我，有時還有老爸》及《記住我的母親》兩部作品中，飾演樹木角色的年輕時期。

*12 阿部寬

演員、模特兒。一九六四年生於神奈川縣。在伸展台上大放異彩後，一九八七年，於電影《窈窕淑女》中以演員身分出道。九三年演出舞台劇《熱海謀殺：蒙地卡羅幻象》更晉升實力派演員。代表作有電影《圈套劇場版系列》、《自虐之詩》、《青鳥》、《劇場版・新參者系列》、《羅馬浴場》，連續劇《圈套系列》、《老公當家》、《熟男不結婚》、《新參者》、《下町火箭》。是枝的作品則在《橫山家之味》、《比海還深》、連續劇《Going My Home》中，以「良多」之名擔任主角。

*13 山崎裕

攝影指導。一九四〇年生於東京。日本大學藝術系畢業後，六五年在紀錄片《發現肉筆浮世繪》中以攝影師身分出道。參與許多電視、電影紀錄片的同時，也擔任劇場電影的攝影師。是枝的作品中負責掌鏡的，包括《下一站，天國！》、《這麼……遠，那麼近》、《無人知曉的夏日清晨》、《花之武者》、《橫山家之味》、《奇蹟》、《比海還深》。二〇一〇年執導《性軀幹》。

*14 《花之武者》

是枝二〇〇六年六月公開上映的第五部電影作品。故事描寫爲了復仇來到江戶的年輕武士在充滿人情味的長屋生活中，開始摸索「不報仇的人生」。爲取材自相聲及四十七士的原創作品，由岡田准一主演。另有宮澤理惠、古田新太、田畑智子、香川照之等參與演出。

*15 安田匡裕

電影、廣告製作人、導演。一九四三年生於兵庫縣。明治大學畢業後進入電通電影公司。以導演的身分參與許多電視廣告的企畫、演出。八七年，創立製作公司「ENGINE FILM」。一方面參與廣告製作，也在香米愼二導演的《歡迎來到東京上空》首次擔任製片。九九年，製作了是枝的《下一站，天國！》，並擔任《空氣人形》等作品的企畫、製作人。二〇〇九年過世。

*16 ENGINE FILM

一九八七年成立，以製作電視廣告爲主的製作公司。除廣告外也積極參與電影的製作，參與企畫、製作的作品共有二十四部。

＊17　渥美清

喜劇演員、演員。一九二八年生於東京。進入中央大學經濟系後，參加巡迴演出劇團，走上喜劇演員之路。五六年開始在電視上亮相，五八年在電影《寅小姐生意興隆》中初次登場。代表作有《砂之器》、《幸福的黃手帕》、《八墓村》等。演出國民明星「寅次郎」的《男人眞命苦系列》在六九～九七年共製作了四十九集。一九九六年過世。

＊18　由利徹

喜劇演員。一九二一年生於宮城縣。四二年進入紅磨坊新宿劇團。五六年，和南利明、八波Mutoshi一起組成「脫線三人組」。在許多電視連續劇、電影擔任要角，也參與《時間到了喔》、《寺內貫太郎一家》的演出。一九九九年過世。在是枝的第二部電影《下一站，天國！》中演出一位敘述回憶的死者，這也成了他的遺作。

＊19　三木紀平

演員、導演、喜劇演員。一九二四年生於東京。歷經演藝劇團等工作，加入三木雞郎劇團，目標成爲喜劇演員。五六年，在《紀平的三等亭主》中第一次擔任電影主角。之後，與森繁久彌共同演出的《社長系列》和《站前系列》，大受歡迎。此外，在桃屋的動畫廣告中擔任角色的原型及聲優，亦頗知名。一九九九年過世。

＊20　市川崑

電影導演。一九一五年生於三重縣。進入京都J.O. Studio（後來的東寶京都攝影所）的有聲漫畫部，成爲動畫師。其後轉換方向成爲紀錄片副導演，四八年在《花開》中以導演身分出道。五五年加入日活電影公司，發表作品《緬甸的豎琴》。六五年擔任紀錄片《東京奧運》的總導演。代表作有《炎上》、《鍵》、《野火》、《弟弟》、《股旅》、《幸福》、《細雪》、《阿嫺》、《四十七人刺客》、《金田一耕助系列》等。二〇〇八年過世。

第 2 章

活著。生活。呼吸。

2015 年 4 月 15 日

於澀谷／樹木希林自宅

對所謂的電影沒有特別想法

是枝 在《海街日記》中，您扮演主角幸、佳乃、千佳三姐妹的姨婆菊池史代，現在想起來有沒有什麼特別的回憶呢？

樹木 我的角色，叫菊池女士嗎？

是枝 （笑）您不知道嗎？

樹木 嗯，我只知道是「大船的姨婆」而已。這樣啊。原來叫菊池女士啊。當時拍攝正值盛夏，很熱很熱，幾乎沒有什麼印象了。

是枝 有件事我印象很深，希林女士說您無論如何都想對自己的姪女——也就是三姐妹的母親（大竹忍＊1）說：「（你的丈夫）會跑去外面找別的女人，你也有不對的地方喔。」

樹木　沒錯沒錯。

是枝　因此現場緊急加了那句台詞。

樹木　我看著大竹小姐，不禁就……。總覺得大竹小姐對我頗有好感，這讓我很幸運地可以在現場追根究柢打聽各種事。（明石家）秋刀魚先生的事啦，野田（秀樹）＊2先生的事啦（笑）。私生活和演藝事業是不同的東西，這我完全不否認，但我終究無法理解她，因此我直接明說：「我不想和你私下有所關聯。」結果，大竹小姐就在《SUNDAY 每日》和阿木燿子＊3小姐的對談中嘆著氣說：「我被希林女士這樣說了！」「唉呀，希林女士也是個過分的人耶！」還被這麼寫出來。不過即使如此，她還是很喜歡我呀（笑）。

我飾演姨婆的台詞中，有個場景是跟三姐妹說：「那個孩子是破壞你們家庭第三者的女兒喔！」對吧？我想應該要有個能和它相對應的台詞會比較好。因為以我的價值觀來看，有種「不論好壞，將事實一件件確認清楚才是人類，不是嗎？」的想法。

例如，世界上有所謂的「小老婆」，小老婆的魅力之所以消失了，是因為她們可以毫不在乎地對外說自己和別人的丈夫變成那種關係的無聊之處，心存愧疚才會有魅力。對我來說，妻子和情婦，沒有所謂哪個好哪個不好，以妻子來說，也有「你就是會讓老公外遇的內人，那也沒辦法，對吧？」的那種情況。但是，如果是情婦大聲嚷嚷「只是我喜歡的人剛好有家庭而已」這種話，我就會覺得唉呀，那真是無聊的人生啊。這點正好和《海街日記》中三姐妹收養同父異母妹妹的情境重疊了。從大船姨婆的角度來看就是「那個孩子雖然沒有錯，但是別忘了那孩子背負著那樣的過去喔」。無論是孩子或大人，「假裝沒發生過」就會讓那個人的人生變得乏味無聊。

芥川比呂志*4先生曾說：「人類，男人也好女人也罷，比起那個時代保守一點會更有魅力。」我覺得那種稍微收斂一點的地方正是人類的魅力所在。從這個層面上來說，對三姐妹或對同父異母的妹妹小鈴，我希望能夠傳達的訊息是：「希望你們能背負過去的事實，然後活出豐富的人生。」

是枝　我覺得希林女士的那種深思熟慮，給予了作品深度。

樹木　不，雖然現在這樣高談闊論，但我並沒有那麼喜歡喔，演戲（笑）。而且我也不喜歡看電影。

是枝　明明找不到其他如希林女士般，所有導演都想邀約的女演員了。

樹木　才沒那回事。山田洋次*5先生才不會來邀我呢。

是枝　（笑）向田邦子*6女士的《宛如阿修羅》*7和《海街日記》一樣是四姐妹的故事，如果收到那部作品中姐妹母親的演出邀約，您不會有什麼特別的想法嗎？

樹木　那個電視的導演是深町幸男*8先生，對嗎？主角是加藤治子*9女士。她很棒吧？很有女性魅力。我覺得加藤女士對向田女士的作品來說是不可或缺的人物。

是枝　《宛如阿修羅》不是深町先生，是和田勉*10先生才對。

樹木　啊，是和田勉先生啊。

是枝　您和深町先生共事過幾次吧？您喜歡他嗎？

樹木　我第一次是在《夢千代日記》時見到深町先生的。《夢千代日記》呀，我只從劇作家早坂曉先生那裡收到一頁的劇本原稿而已。即使如此深町先生還是完成了製作，因此我覺得他是個非常有才能的人。由於劇本只有一頁，所以外景都只拍風景而已，零下四度的外景拍攝。後續整個畫面製作則是在NHK的攝影棚中進行。如果提到其中付出的努力啊⋯⋯。

當然深町先生是個十分令人尊敬的人，但終究還是個⋯⋯執導時有點壓抑的人。一般人通常的表達是：「那裡可以這樣做嗎？」他卻會說「您請過來」「請走過來這裡」「請您回頭」這樣正經八百的說法。不知道他本人是不是也因為這種說話方式感到混亂，有時會突然暴怒（笑）。不過，這個人真的是很喜歡演戲哪。我覺得是深町先生和早坂先生合作創造了NHK的美好時代。

話說回來，我其實沒有看過和田先生的《宛如阿修羅》喔。我只看了一些挑出來的片段就覺得：「唉呀，加藤女士，真棒啊！」畢竟那種東西即使只看一瞬間也知道，可能就是氣場吧。

是枝　我不時會想：「如果是我要拍《宛如阿修羅》的話能找誰來演呢？」雖然這件事完全只是空想，但如果有機會能讓希林女士演出向田邦子女士的劇本，我會很想拍。

樹木　哎呀，這真是太令人感激了。我啊，不僅見過向田女士的母親、去過她家，還養過向田女士轉讓的貓，我們的往來滿密切的。不過，作品上的往來大概就是到《寺內貫太郎一家》[*11]為止了吧。我當時為什麼會決定到此為止了呢？現在已經沒有道別的精力了，沒力氣了。此外，與我現在開始了解人性的美好也有點關係。

是枝　您為什麼決定和向田女士的合作到此為止呢？

樹木　與其說是決定到此為止，在《寺內貫太郎一家》後，先是她罹患了癌症，而後她又開始寫一些優美的散文，便進一步往文藝作品的方向發展了。我則是和以前一樣演出《姆》[*12]啊、《姆一族》[*13]之類的無聊作品，再加上我和（導演）久世光彥[*14]先生絕交[*15]，結果在工作上就變得不再一起合作了。由於久世先生和向田女士合作，我當然就不會參與，因為我無法融入其中。所以我就往《夢千代日記》那裡去了。

最在意我和久世先生吵架這件事的，就是森繁先生。他曾突然冒出一句：「小希林，你不和久世先生合作了嗎？」那是在我重新和久世先生合作之前的事。我非常喜歡森繁先生，大家也都非常喜歡他，而他也跟所有人相處融洽。因此，我想我和久世先生鬧翻對他來說是件很難過的事。不過，如果一直維持鬧翻的狀態，之後一定會疲乏的，應該會以很難堪的模樣收場吧。

是枝　再次和久世先生合作，是指《小少爺》[*16]嗎？

樹木　應該是吧。

是枝　搜尋後出現了「和久世先生的和解之作」這樣的註解。

樹木　我完全不記得有和解這件事（笑）。

是枝　（笑）不過，您在那之後又和久世先生合作過好幾部作品，對吧。

樹木 嗯。不過即使重新和久世先生合作，由於向田女士過世了，我們彼此已經不如從前般契合了，大概就像在消耗過去的存款一樣吧。而且老實說，早就不需要我這樣的老太婆了啦（笑）。

從這個角度來說，能和是枝先生相遇真的是件令人感激的事。我對於在與是枝導演相遇前拍攝的《東京鐵塔：老媽和我，有時還有老爸》這部作品深感慚愧，對於美術也是，心裡某處一直覺得大家都那麼努力做了，真的非常可惜。是我太無知了，無知。不了解所謂的電影是什麼。我也常被丈夫（內田裕也*17）說：「你不是最近才開始演電影的嗎？所以不要講得好像很厲害一樣。」我明明沒有那樣說啊……不對，好像有（笑）。但是，因為對所謂的電影沒有特別想法而衍生的無知，在《東京鐵塔》中顯露無遺，那時才想如果多看點電影就好了，如果多研究一下就好了。因為帶著那般抱歉的心情，和是枝導演的相遇讓我鬆了口氣。

是枝 《SWITCH》雜誌的《東京鐵塔》特刊*18中，希林女士被問到針對自己扮演母親角色的問題，這麼回答：

——有種更想好好活在當下的感覺。那樣的話，死去的時候才會更加感到「懷念」吧。如果沒有好好展現如何活著，死去時就更無法傳達了吧。——

冒昧地說，我在看電影時感受到的正是如此。雖然是我個人的經驗，但一年之中看著自己的母親漸漸變虛弱、漸漸死去的過程，衝擊真的很大。甚至可以說，如果不穿插一些母親健康時的回憶就會有點難以承受，而那就成了《橫山家之味》的原型。

樹木　我其實也有試著在那部作品中好好活著，可惜的是幾乎沒有被拍下來。我的實力不足以輕描淡寫地飾演那麼反常又可悲的角色，也沒有兼顧導演工作的能力，我覺得自己很糟糕。但我想正是因爲我以此為鑑，一直將此事留在腦海中，在那之後的作品裡才能多少做到一點。

以前啊，曾和久世先生聊到「在家庭劇中能真正死去嗎」的話題。像在澡堂打雜的人*19在劇中死去時，能讓社會上的人們難過地說：「昨天，那個人死了耶。」以這樣的方式活著。久世先生說，如果在連續劇中活得很有魅力的話，死去時觀眾不是會感到很失落嗎？如果能做到那樣家庭劇就算成功了吧？我覺得真的是如此。連續劇也好，電影也好，說到底就是怎麼活、怎麼活過而已。不過，拍攝時通常都在台詞上字斟句酌，那些事反倒被拋在一旁了（笑），但我覺得那是演員的根本喔。

是枝 我也這麼覺得。在作品中如何好好活著、好好生活真的是件很重要的事。

樹木 能真的這麼想、並把它拍攝下來的人實在很少。

是枝 或許，電影或電視導演也在斟酌台詞這件事上耗盡全力了吧。

樹木 愈多演員和導演都能做到這點，才愈能做出更好的電影不是嗎？

……

是枝 希林女士總是會邊做著某些事邊說出台詞吧？不是為了說台詞才在那裡，而是做事的同時順便說出台詞，我覺得那真的很難做到。在這次的

《海街日記》中，我刻意為四姐妹打造了那樣的場景喔。大家都非常得心應手，總之就是邊大口大口地吃東西邊說台詞……但最近，特別是電視連續劇都不要求那種事了，好像清晰說出台詞就夠了，我覺得非常可惜。

樹木　就是說啊。演員不是胸部以上做得好就可以，將鏡頭拉遠拍攝也要能配合才行，但現在已經變得不太要求這種事了呢。這部分如果導演都能像是枝先生一樣好好做的話，接下來的二十年一定會有很傑出的演員出現吧……我是這麼相信啦（笑）。

話說回來，《海街日記》的成品如何呢？我女兒好像在廣告還是電視節目上看到，然後說：「果然拍得讓人很想看啊！」

是枝　（笑）太感激了。雖然有點自賣自誇，但這部作品應該有做到：「我想看這四姐妹繼續演下去。」

樹木　每個角色都在電影中活著，是這個意思吧？那我就稍微放心了。

希林女士和大竹小姐第一次共同演出，是在極樂寺拍攝的法事場景。將兩位帶到了一個通風良好的房間——據說是綾瀨遙[20]小姐的粉絲住持為我們準備的，我正打算說明今天拍攝的流程，眼神才剛落在劇本上，希林女士就突然劈頭提了驚人之問：

「欸，你在三個男人中最喜歡哪一個？服部（晴治）[21]先生、秋刀魚先生、野田先生……」

大竹小姐笑著以一如往常的語調說：「哎呀〜怎麼這樣，沒辦法排序啦〜」我內心一陣發涼，不知該待在原地還是閃開，屁股懸在半空中不知所措。察覺到我的猶豫不決，希林女士說了句：「導演，你那麼忙不用陪我們沒關係喔！」雖然心中湧上若繼續被追問攻擊的大竹小姐生氣說出「我要回家」之類的話要怎麼辦的不安，以及純粹想聽誰是第一名的好奇心，但最後還是抱著依依不捨的心情離開了。

《海街日記》是與希林女士合作的第四部電影。

那次是在拍攝和綾瀨遙小姐一起吃荻餅的場景。才剛坐下，希林女士就轉向綾瀨小姐問：「你，那張臉都沒有整過嗎？」「是的，目前為止都沒有。」「唉呀，這樣啊！真好啊～」「謝謝您。」綾瀨小姐以爽朗的笑容承接希林女士尖銳的視線和言語。「你呀……有沒有被說過像誰？」「這個嘛，我想想，奈良的佛像之類的……」「佛像？」「啊……般若！我有被說過長得像般若！」「般若啊……」

雖然瀰漫著若說錯一句接下來根本不可能一起演戲的危險性，但希林女士好像對任何提問都毫不避諱，對接球之後拋球回來的綾瀨小姐很是欣賞，拍攝結束時，她難得地出言稱讚：「你呀，長得美是最棒的才能喔！」

但並不是所有人都能像綾瀨小姐一樣應對得宜。應該有為數比希林女士預期更多的演員及導演，光是聽到希林女士的名字就無言以對、眼神飄移、仰天長嘆，只想著：「我不想再見到她。」

雖然有如之前提到的導演深町幸男先生、千本福子*22女士、鈴木清順*23導演等，和希林女士為彼此的相遇感到緣分或慶幸，在對方的作品中兢兢業業、持續演出的例子，但也有像向田女士或久世先生那樣，因為種種緣故不再往來的情況。即使在第一部合作的作品《橫山家之味》中，我多少有點受到希林女士信任的得意，但這並沒有改變每一部作品都是一場新的戰鬥這件事，我一直抱著如果表現出依賴彼此「關係」或「信賴」的態度或執導方式，不知道何時便會被告知「這是最後一次和這位導演合作」的不安。希林女士就是這樣一個對自己和他人要求都極高的人。

其實在千本福子女士執導的電視連續劇中，大竹小姐和希林女士已有好幾次同台演出的經驗。由於沒有製成ＤＶＤ，所以幾乎沒有機會回頭去看，在演出作品列表中也常常沒有被寫出來。像是一九八八年播出的《明日　一九四五年八月八日・長崎》*24這齣連續劇，那是日本電視台開台三十五週年紀念特別節目，編劇為市川森一*25，導演是千本福子。故事描寫長崎被投下原子彈前一天市井小民的生活，希林女士飾演即將臨盆的大竹小姐的母親。那是大竹小姐三十一歲，希林女士四十五歲的同台演出。

希林女士勤快地邊照顧孕婦，將蚊香移到走廊、洗曬被汗水浸濕的浴衣、一刻也不停地忙碌穿梭，邊說著台詞。故事的中場，有一幕全家一起在玄關替拍攝么女婚禮照的攝影師送行的場景。在這尋常一幕中，希林女士大膽地從鏡頭左邊橫越到右邊，當我正以為只是完美的個人走位時，她接著把身體的三分之一伸出畫面外，做出將從玄關急急忙忙拖過來的鞋子左右交換穿好的演出。在這部作品裡，希林女士屢屢表現出如運動家般令人敬佩的動作，但這一幕特別讓人拍案叫絕。

剪接的下一幕改切到正面捕捉她們的表情，但希林女士穿好鞋子前都背對著鏡頭。可能千本女士也是中意她如此大膽的動作而把這一幕留下來吧。這大概是希林女士認定會像那樣仔細觀察她表演的導演，就決定繼續參與演出的好例子。

希林女士不太談她和大竹小姐合作的作品。「做為一個演員啊，嗯……」常常只講到這裡，就馬上轉移到《Wide Show》類的話題。我覺得希林女士對大竹小姐存在某種情結。那是對一個從十幾歲開始就擔綱女主角背負起作品，一直遊走在電影和電視兩邊的情結，那與嫉妒不同。無關喜不喜歡，自己和她走過了不一樣的人生，對於這點是不後悔的。但自己是不屬於「哪一邊」的一種劃清界線的心情。雖然沒有明說，但我暗自揣想，除了大竹小姐之外，田中裕子*26

小姐對希林女士來說也是那樣的存在。

在極樂寺的法事拍攝順利結束後，希林女士和大竹小姐友好地揮手道別。要分開時，對前來搭話：「欸，我們交換電話號碼嘛～」的大竹小姐，希林女士說：「才不要！我為什麼一定要告訴你？」「欸～因為我想找你一起吃飯之類的……」「我，才不會和你一起吃飯呢！」「欸～為什麼？」「因為我不想喜歡上你啦。」

寫成文字後可能只會覺得兩個人鬧翻了，但這一搭一唱是我想著總有一天要寫進劇本裡的那種，讓人不禁失笑的對話。不是「我討厭你」，而是「我不想喜歡上你」，這句話非常有希林女士的風格，那是因為以演員來說尊敬對方才想保持距離感。（順道一提，之前希林女士提到阿木燿子小姐和大竹小姐對談，說「（希林女士）真過分啊！」的是阿木小姐而非大竹小姐。不過大竹小姐在那之後馬上出聲：「我一定要打電話給她（希林女士）！」）

目送大竹小姐離開後，希林女士轉向我，露出有點壞壞的笑容說：

「她說是〇〇先生喔！最喜歡的。」

觀察人的樂趣

是枝　能不能針對山田太一[*27]先生的笠智眾三部曲[*28]之一《今晨之秋》[*29]提問呢？這是前來探望癌症末期兒子隆一（杉浦直樹＊30）的父親鑛造（笠智眾＊31）與另結新歡離家出走的前妻Taki（杉村春子＊32）重逢，父親將兒子帶回老家蓼科，不久後前妻、兒子的妻子（倍賞美津子＊33）及女兒也跑到老家來的故事。希林女士飾演的是，在前妻經營的小餐館中工作的女子美代。

樹木　沒錯。

是枝　您戴著假髮，對吧？在小餐館裡也是，進入病房時也是，您都表現出有點在意假髮的樣子。劇本上完全沒有寫到和假髮有關的東西，那是您自己的發想嗎？

樹木 不是什麼發想，我戴著假髮去到現場，我根本沒有徵詢導演的意見。

是枝 沒有嗎？（笑）

樹木 我以戴著假髮的裝扮進入拍攝現場，然後時不時喬一喬那頂假髮，就這樣。

是枝 在那部作品中，登場的角色都很嚴肅，因為是癌症末期向死亡靠近的主角和他的親人們，所以，只有希林女士的角色有點格格不入。在大家都一步一步朝死亡前進時，只有希林女士一如常人，那種狀態非常有趣。那是看透了整部作品的基調，因此才想：「當沒有血緣關係的自己處在這個空間時，就稍微往『生』的方向靠近吧？」在前往蓼科老家途中，您也拿著牛奶回來，說著「大家一起喝吧」，對嗎？

樹木 對，在牧場裡叫大家喝。而且，我還對著馬匹叫了「太郎」呢（笑）。

是枝　太郎也沒有寫在劇本上嗎？

樹木　沒有（笑）。

是枝　與杉浦先生邁向死亡的嚴肅模樣對比，以完全相反的形象來取得平衡是您思考過後才決定的嗎？

樹木　與其說思考，不如說是我自己自然而然這麼做的。

是枝　是您自己這麼做的啊。所以不是導演深町先生要求的囉？

樹木　不過，深町先生也說：「很好！」也完美地把我叫「太郎」的畫面拍了下來。

是枝　我也覺得留下那個畫面非常棒。

樹木　我會思考像第一次見到老闆娘（杉村春子）的前夫（笠智眾）時，要稍微表現出「啊，和這種男人交往過呀」的樣子，或者想像小餐館女僕會做出怎樣的反應等等。可以說是我以自己的方式持續演練曾和向田女士、久世先生、森繁先生一起做的東西吧。

森繁先生的故事很有趣喔！聽說有一次，有輛腳踏車撞上載著森繁先生的車子，他毫無明星架子地跳下車問：「喂，還好嗎？」結果那個小孩一面不知從哪裡隱約流出血來，一面擔心腳踏車說：「這個，我昨天才買的……。」「知道了，知道了，身體還好嗎？」「不是啊，昨天才買的腳踏車……」森繁先生是個總覺得那樣的事很有趣的人。摯友山茶花究*34先生過世時也是，聽說他在醫院對山茶先生說了「加油」後，山茶先生邊招呼「啊，繁先生」邊把手伸出來。然後，森繁先生說：「他用很大的力氣緊緊拉著我的手說：『一起走吧！』即使是再好的朋友也不可能跟著去，好嗎？」

是枝 （笑）真有趣。

樹木 森繁先生教會我觀察人的樂趣之多，數也數不盡。所謂家庭劇不是正需要這種特質嗎？重要的不是扮演什麼，而是能自然得像呼吸般置身其中。

是枝 希林女士和森繁先生相遇的《七個孫子》，也是讓當時同為新人的向田女士和久世先生一砲而紅的作品，久世先生曾寫道在這部戲劇中學到了非常多東西。例如，森繁先生在看著廁所設計圖的場景中，突然說：「幫我準備夏目漱石全集，」而在日式廁所便池前擋的圖形上放了夏目漱石全集一事吧？

樹木　沒錯，為了要調整高度的緣故。那是將漱石全集如便池前擋般放著，親自確認位置的會長角色。如果只是堆疊木頭的話就會顯得十分無趣，但透過使用漱石全集，可以顯現出這個會長不僅歷經千辛萬苦，似乎也很好學。森繁先生就是這樣細節不分大小的下達指示：「小久世，不是那個喔！」即使只是一個小道具也會說：「這個不行啊！」因此到了最後，名為「帷」的美術指導只要一聽到森繁先生說：「小帷，這裡好像……」就能馬上意會並完成所有準備工作。非常合作無間喔！

這麼說起來，戲劇結束後，森繁先生曾說想做一齣名為《爺爺與女傭》的戲，雖然最後沒有做成。

是枝　那真是太可惜了。

樹木　製作《我想成為貝殼》[*35]的TBS局長石川甫[*36]先生曾特地來到文學座劇團[*37]，為了我這種文學座底層的小角色不惜鞠躬邀約：「希望您能將這個人借給我。」（笑）不過我回絕了。

是枝　為什麼呢？

樹木　因為很不划算啊！從那時開始就是如此，我不做划不來的事。

是枝　您覺得森繁先生喜歡您的理由是什麼呢？

樹木　這個嘛，我不知道。不過，在拍攝《七個孫子》時，森繁先生會做場景結束大家都離開後，我和森繁先生兩個人留下來這樣的設定。我是女傭的角色，他會毫無包袱地做出女傭和會長兩個人單獨吃飯這樣的設定，然後如果我說了或做了什麼，他就會咯咯地笑，接著就慢慢握著我的手不放，我總是回他說：「我是新劇[*38]喔。」

是枝　原來如此。

樹木　我說：「我是森繁先生討厭的新劇喔。」因為森繁先生將新劇視為眼中釘，所以，我個人並沒有跟他變得很親近。

是枝　只有在拍攝現場相處？

樹木　對。那又是我個人怪癖的地方，我感到自卑。和那種程度的人，即使為了演出費我也不允許自己和這麼不相同的人一起走下去。因此我沒有往他身邊靠近，只有演戲時會點頭稱是，然後靠過去（笑）。

是枝　您認為森繁先生是覺得有您在自己的戲就會活起來，還是只是抱著想栽培年輕人的想法呢？

樹木　演員基本上都是以自我為中心的，如果能順便成長就希望他有所成長吧。

是枝　那麼，是為了使自己的演技活起來，才在身邊安排這樣的人，是嗎？

樹木　沒有那麼刻意。應該只是剛好身邊的我還算好用吧？說到底森繁先生根本不需要用誰來使自己的演技活起來，他一個人就能撐起來，跟有誰在或要做什麼無關。

不過……不知怎地我挺受他喜愛的。他總是露出厭惡的表情說著「啊，新劇又來了」之類的話。雖然討厭但又很在意，我說不定是那樣的存在。身為演員最初能夠和森繁先生相遇，如今回想起來真的非常感激呀！如果沒有遇見森繁先生的話，就沒辦法做出在《今晨之秋》中那種只是待在那裡的演技了。在前往蓼科的車上，也就只會和大家在一起靜靜地望著牧場了。

是枝　在《今晨之秋》中與您同台演出的杉村春子女士，也是您在文學座劇團的大前輩，對您來說是怎樣的存在呢？

樹木　杉村春子女士這個人，實在是個少女。看了她在小津（安二郎）[*39]先生的電影裡，說著：「嘿，你！」時的表情，看起來好像很刻薄，其實並不是。我覺得那個人的演員氣質是與生俱來的。

之所以這麼說，是因為她總是非常尊敬電視和電影導演，無論年紀比自己小或什麼的。而且，恰巧她遇到的也都是值得尊敬的人。杉村女士不會自己提出什麼想法，或是想：「這個角色因為在這個位置所以要這樣……」她只是以那張臉、那種氣質佇立在那裡說出台詞而已，只是這樣。但看畫面完全看不出來是那樣。雖然會想杉村女士應該是自己思考過後做了各式各樣的選擇吧，但真正認識杉村女士的話，就會知道並不是。這絕不是壞話喔！她是把自己做為畫具中的一個顏色交付給導演的人。無論在黑澤（明）*40先生的戲或小津先生的戲，我從沒見到杉村女士說過「不」，全都是「好」。我想應該是她覺得導演才是負最後責任的人吧。

小津先生最後的電影《秋刀魚之味》*41拍攝時，我曾以杉村女士陪伴者的身分一同前往拍攝現場。一大清早就開工，在我看來有條不紊的片段三番五次被要求重拍，現場漸漸變得鴉雀無聲。小津先生一概不講哪裡不好，只說：「再一次。」

到了中午，杉村女士和我拿了外賣一起享用，她邊吃邊「哼哼哼……」地哼起歌來，沒有任何抱怨或不快。完全不是那種為了不讓我看見委屈的樣子而故作姿態，而只是「啊，中午了耶！」這種感覺。由於她如少女般的耿直和開朗，打從心裡尊敬、信賴導演，從導演的角度來看一定很討人喜歡吧。而且絕不是阿諛奉承的想法，這點我還真做不到。

是枝　我以前曾說，希林女士是繼承了森繁先生和杉村女士的DNA。

樹木　才沒那回事呢（笑）。我曾被森繁先生說：「你啊，把我的演技都學走了！」不過啊，杉村女士的那種表現真的讓我受益匪淺。

約三年前，在我任教的大學課堂上，曾邀請山田太一先生擔任演講嘉賓。在一個半小時毫無冷場的演講後，數名講師和太一先生一起進了一家店，共度一段如「慰勞會」般的時光。和向田邦子女士並列我最尊敬的劇作家就在眼前，我難掩興奮之情，藉此機會，我傾身提問關於希林女士在《今晨之秋》中的演出。那瞬間，總是很穩重的太一先生表情一陣黯淡。

「在戲播出後，我打電話給深町先生抱怨了一番。」

事情其實要往前回溯十一年。

在一部由太一先生寫劇本，名為《櫻花之歌》[*42]的連續劇中，久世先生、希林女士二人組無視太一先生的劇本頻頻即興演出，太一先生忍不住抗議之後，久世先生和希林女士便採完全不即興演出的態度回應。由於有那樣的「前科」再來拍《今晨之秋》，在某種意義上，希林女士是個「思想犯」。我個人算是有在寫劇本，同時也是導演，我能夠理解雙方的心情。確實，希林女士扮演小餐館中的女傭，做出調整假髮、在意頭皮悶熱等動作，和整部作品的「格調」明顯不同。如果我是導演，或許會在剪輯時把描繪假髮的畫面剪掉。而對於「太郎」這句台詞的即興演出，太一先生直到三十年後的現在似乎還是無法接受。我深切了解那種感受。

但是，這回又試著重看一次，我想若以自己的方式替希林女士辯解，會覺得她的腦海裡大概是有著（小津的）《晚春》*43中杉村女士的形象吧。《晚春》將笠智眾扮演的父親，與原節子扮演的婚後離家的女兒那種離別及互相掛慮的心情當做異常「神聖」的東西描寫。（並非柏拉圖式，甚至是與其相反。）然後在那樣的故事裡，杉村女士飾演的田口真紗，在鶴岡八幡宮和哥哥（笠智眾）參拜後，於神社境內撿起一個小錢包咻地塞進胸口，小跑步逃離漸漸靠近的警察，那種角色試圖描繪一個「庸俗」象徵的人物。《晚春》之所以能成為傑作，有一半的原因是和這對神聖的父女完全相反、杉村春子女士飾演的真紗所展現的真實感，而希林女士在《今晨之秋》中，正是以這種杉村春子的「庸俗」為目標吧。

至於引發討論的牧場那一幕，在劇本上只寫著：

蓼科・牧場

停著租來的汽車。鑛造、隆一、Taki、美代，下車欣賞風景，話很少。

實際的劇中，車子到了牧場，從駕駛座下車的美代（希林女士）獨自跑向與其他家人不同的方向，以托盤端來裝了純白鮮乳的杯子。「來來來，很濃喔……老闆……來！」邊這麼說，邊依次發著杯子。鑛造（笠智眾）接下後開朗地說了句：「乾杯啦！」至此為止全都不在劇本上。而且美代還有如違抗劇本般說了不少話。

在《今晨之秋》中有許多經典台詞，我曾抄寫過數次，其中中年老的父親（笠智眾）又似安慰又似勸戒地對將比自己早逝的兒子杉浦直樹說：

大家早晚都會死，所以不要露出：

「好像只有自己最特別的表情。」

這句台詞令我印象十分深刻（雖然劇本上寫「特別地表情，但笠先生說「特別的」）。也許（雖然僅是臆測）希林女士在聽到這句台詞時，就決定要待在「不擺出特別的表情」那邊了吧。所有親人在剩下的三個月中，在瀕臨死亡的男人身旁不露出「特別的表情」，努力完美演出好父親、母親和妻子的角色。而希林女士的角色不僅是靠演技，而且必須要置身之「外」，她一定是這麼想的。

作品的高潮是大家邊放煙火，鑛造邊唱起「Pinky & Killers」的〈戀愛的季節〉*44。據說 Taki 離家出走之後，鑛造喝醉時經常唱起這首歌。在歌聲中大家也加入一起合唱。此時，在不遠處的走廊上，離看著煙火的家人有段距離孤單一人的美代，追著蚊子、拍打自己的手臂說：「真是的……都只叮我一個人……」這樣的台詞和動作在劇本上完全不存在。點著蚊香的敘述則是出現在這幕的前一個片段中。為了看煙火，朝向走廊的玻璃窗開著，那是夏天的蓼科。如果是棚內攝影無論如何都很難想像，但不是該有人在意一下蚊子嗎？如果要的話應該是我吧……，希林女士一定是這麼想的。我認為看透作品後，以絕妙的平衡感決定自己位置的這種角色塑造方式是希林女士的真本領，所以她這麼做我要給予好評。至少她打算以這個角色，與杉村春子一較高下。但可惜的是，希林女士在那之後再也沒有機會拍過太一先生的作品。

「我希望有一天能拍山田太一先生筆下的希林女士。」

在地下鐵早稻田站的階梯上道別時，我打從心底對著太一先生這麼說。果然，願望是種說出口就不會成真的東西。

森繁久彌口述、久世光彥整理而成的《事到如今大遺言書》[*45]中，記錄森繁先生對希林女士的評語，雖然有點長，但引用如下：

——那個孩子非常聰明，出眾地聰明。那有助於演戲的聰慧，若要說像誰的話應該是三木紀平吧。不過，時至今日我才說出口的是，紀平也望塵莫及。她對於演戲的想法非常好。她會從出乎意料之外的地方突然唰地跑過來，而且跑過來的時機絕佳，也會為了凸顯對方的演技而做適當的安排，總之與她合作非常輕鬆。將別人的演出壓過去的傢伙非常多，但是凸顯對方的演出，進而使自己的演出更有價值的演員可不常見。那應該是天才吧。——

——我覺得那孩子是貨真價實的「知識分子」。在其他領域，像是山藤章二*46先生，也是貨真價實的「知識分子」。但在演戲的世界裡卻是鳳毛麟角。最令我欽佩的是，無論多稀奇古怪的裝扮、多討人厭的角色，離開鏡頭後，她都會將女人的可愛留在觀眾的記憶裡。絕大多數的演員都只能達到表面的演出而已。該說是餘韻嗎？那孩子就是能做到那種程度的演員。——

就這樣，森繁先生以「所以現在我想跟樹木希林一起演戲」作結。讚美希林女士到會令久世先生嫉妒的地步，應該是在向久世先生施以「去拍那種戲！」的無聲壓力吧。久世先生在聽了這一番說法後，也寫下：「現在說不定正是我該登場的時候了。」

糾結的世界

是枝　請再詳細告訴我一些關於久世先生的事。久世先生從一九七〇年代開始就從事「在電視裡玩」這件事，希林女士應該是和那樣的久世先生一起玩過的人。我們是看那個長大的。接著向田邦子女士、正章（堺正章＊47）等人也加入，我們簡直將那個節目當成電視連續劇般開心地觀賞。之後，向田女士由於各種原因，就轉往比較嚴肅的方向去，而後在一九八一年的空難事故中過世了。

另一方面，久世先生也在向田女士過世後，做了從某種層面來說與既往的「玩耍」不太相同的《向田邦子新春系列》[*48]，朝向較嚴肅的方向發展了。在這之中，希林女士和久世先生絕交，持續玩耍，對嗎？

樹木　簡而言之，就是我沒有……

是枝　朝嚴肅的方向發展。

樹木　沒打算留下一些作品之類的那種感覺啊……

是枝　我想應該沒有。不過，久世先生過世後，希林女士也默默地，雖然不是朝嚴肅的方向發展，但我覺得三位是各自在接受了死亡這件事之後，改變了作品的走向及自己存在的模樣。雖然我想希林女士應該沒有意識到這種事。

樹木　完全沒有意識到。在演藝圈、演藝活動中留下自己的作品、藝術作品等等，我沒有那種想法。當然好的作品留下來我會覺得很好，但我並沒有想要朝那個方向發展。

是枝　例如，我覺得久世先生是持續進行「如果向田女士活著大概會想做這個吧」的那種作品。況且，久世先生過世前還曾和希林女士共事好幾次。我覺得久世先生是和希林女士一起成長、一起玩樂過來的夥伴。希林女士現在還會想：「如果是久世先生會怎麼拍呢」這類的事嗎？

樹木　完全不會。不過看了是枝先生的電影，我想久世先生一定很嫉妒吧。但我覺得他絕對不會，也不想表現出嫉妒，所以大概會邊抽菸邊說：「那裡啊……」之類自吹自擂的話吧（笑）。做為導演，他和是枝先生這樣懇切真摯地與人面對面的類型完全不同。雖然也有那種時候，但我和久世先生的共通點是像拿手戲般的東西，只有一瞬間。久世先生因為有本事、才能，所以我會表現給他看，但他很沒耐心，幾乎不會深入思考執導的事。比起那

個，他是更在意有沒有被漂亮女性注意到的那種人。

是枝 （笑）這樣啊。

樹木 他有著男人的無聊和有趣之處，從好壞兩面來說都是。所以，我沒有跟久世先生仔細討論過關於演戲的事。

是枝 真的嗎？

樹木 嗯。只有一次，應該是他過世前三個月吧。因為我丈夫很過分地懷疑我：「你跟久世有一腿，對吧？」我因為覺得反駁很麻煩所以沒多加解釋，而後我在電話中問了久世先生：「為什麼我們之間沒有發生什麼事呀？」（笑）。我說了：「我沒有那個意思，久世先生大概也沒有那個意思，但是明明能夠發生什麼的情況要多少有多少，卻什麼都沒有發生耶。」後來，久世先生巧妙地回答：「我感覺你是非常危險的人。」他又說，我們兩個之間擁有的東西是百分之一百二十的有趣，我不想讓情愛這種無聊的玩意破壞我們的關係。和久世先生的對話就僅止於那次，太慶幸當初有問他這個問題了。

雖然演藝圈充斥著轟轟烈烈的情色、情慾等等，但此外，也洋溢著非常靜謐、美麗事物的一面，待在演藝圈就像是種考驗，身處在這如好壞兩股繩索交織的世界，該如何生存下去呢？不是為了要生存下來才在這裡做下去的喔。不過，看著留存下來的人，就會明白：「……原來如此啊，」所以才有意思。若是個如和尚修行般的極端世界，就會無聊得待不下去。但正因為是這樣一個魑魅魍魎橫行的世界，所以很精采、很有趣。

現在回頭一看，大家最後都站在各自想走的道路上。久世先生也是，向田女士也是，森繁先生也是，大家確實都有風靡一世的魅力，能和他們相遇我覺得自己非常幸運。

可惜我沒有機會見到久世先生本人。不過，在我進入電視世界的「入口」處，確實和他有個非常大的機緣。

在此提起自己的過去非常不好意思。大學畢業前不久，進行求職活動中的我在所有電視台的第一次面試中落選，最後剩下的是一間名為「TV MAN UNION」[49]的節目製作公司。在某種層面上，這是比電視台更令我憧憬的製作人的大本營，因此我決定如果考上了，就要在那天結束我傷痕累累的求職活動。

TV MAN UNION的總公司是在面向赤坂一木通的一棟大樓中的三、四樓。在最後一關面試前，被指定閱讀的是以「年過五十，一個工作做了二十五年，我沒有『臉』……」為題、久世光彥的隨筆短文。

——（前略）將沒有臉的恥辱歸咎於自己的才能、才氣或人生的貧乏是件非常淒涼的事。只能上吊，只能上吊後留下不需葬禮之類的文字。那樣的話未免也太令人懊悔，因此我打算將自己到了五十歲還是只隨身攜帶「冒牌」的臉的無情，怪罪到目前從事的工作。那是至今為止養活我的電視的工作。（中略）能毫不猶豫地說出電視就是遊戲等台詞的時期還算好的。但時候到了，我開始結巴了。聰明的孩子早就不知不覺地回到家裡，一個人一邊讀著書，一邊還依依不捨地在暮色中尋找同伴，真是可憐的畫面。（中略）我想要死亡時的臉。在適合玩樂的年紀拚命玩樂的那段時光還好，但現在理智上知道不能玩了。這樣下去會變成半吊子。我覺得在對我有恩的電視中，變成半吊子是件讓人感到非常抱歉的事。（後略）——

在那段文字中記載著久世先生年過五十，自己的興趣開始遠離團隊合作的戲劇製作的感慨。

在我被叫進去的會議室中，有約十二位被稱為「成員」的導演、製片人並列坐著。

被問到對隨筆短文的感想，

我老實地說：「我覺得，久世先生也老了呀。」

對於電視導演在職業生涯中期想脫離團隊合作的心態，雖然不至於輕蔑，卻是語帶否定地描述。坐在我正對面光頭大眼的男性憤怒地說：「這種說法對電視界的前輩太失禮了吧！」（這位是碓井先生，是在四年後將投稿常態性節目未被採用、走投無路的我介紹給富士電視台《NONFIX》＊50節目製作人的恩人。）雖然深知那是面試，但被惹怒的我像個二十四歲血氣方剛的少年般脫口而出類似下段意思的話：

「所謂電視正因為不會被創作者的臉或名字等個人風格局限而有魅力，那和電影或小說不同，這是電視的特色，不是嗎？TV MAN UNION 正是掌握電視這種哲學集結而成的群體，不是嗎？」（不過當時說的恐怕不像這裡所寫如此有條理）成為大人後回想起來，那應該只是個滿口大話、令人討厭的傢伙，如果我是面試官的話，絕對會把他淘汰。

（啊，落選了。不過想想真是一群讓人生氣的傢伙啊！）

我邊想邊起身回家，隔兩天卻收到合格通知，當時心情是比開心更難以形容的複雜。雖然我不知道那算不算是件好事，但拜這個「合格」之賜，我往電視而非電影的道路前進了，而這在我心中全是「託久世先生的福」。

前述隨筆的後半，久世先生引用了小池光*51以「死螢孤單墜落、立秋的小草及在那之後」為題的短歌，如下：

——對於電視劇的工作，我覺得自己是不合時宜的螢火蟲。夏日時節，以為自己發光了幾次，但如今那就像是短暫夜晚的幻覺。雖然也有被穿著清涼浴衣、手持團扇的人們溺愛的記憶，但那說不定只是一場夢。爭相發光的夥伴們現在也四散了。早晚，螢火蟲會孤單地墜落。然後就秋天了。——

到了年過五十的現在，如果被問到這則短文的感想，我的答案不會是「老了」。我的回答會是：「我覺得久世先生非常孤獨，非常寂寞。」他與希林女士是斷絕往來的狀態。向田邦子已不在人世。二十四歲的我欠缺了對於那種悲傷的想像力。久世先生在寫下這段短文的隔年，以《昭和幻燈館》*[52]一書出道成為作家。螢火蟲投胎轉世，用另一種方式散發光芒。

以前，我在製作回顧日本電視綜藝史的節目*[53]時，重看了非常多希林女士與久世先生的戲劇。

可惜的是，《七個孫子》的影像並沒有留下來。在我記憶裡最古老（年輕）的希林女士是《時間到了喔》*[54]的「濱女士」。（不過，最近做成DVD的，一九六六年播出的《年子小姐》*[55]這部希林女士主演的連續劇，渥美清先生以過去的相親對象的身分登場，在插曲上也有承接《七個孫子》的部分，因此可以想像希林女士在《七個孫子》中扮演的「年子小姐」的模樣。）

《時間到了喔》系列雖然是一九七〇年開播的，但回溯五年前，在TBS東芝日曜劇場播出的單元劇中原型就已存在。編劇是橋田壽賀子[*56]，因播出後大獲好評，決定系列化。不過，根據《做出「時間到了喔」的男人——久世光彥的戲劇世界》[*57]（加藤義彥著）所載，據說原本內定的角色是岡本信人[*58]和澤田雅美[*59]，但久世向製作人山本和夫建言：「我有其他考量，我想把這兩個人換掉，」強硬地換上堺正章先生和希林女士。

岡本和澤田是當時極受歡迎的主流家庭劇《大膽老媽》[*60]的演員，考慮到之後會在橋田的劇本《冷暖人間》[*61]擔綱一事，就很清楚當初這部《時間到了喔》是以何為目的了。

擔任系列第一集執導的久世為堺和樹木準備了大量劇本中沒有的即

興演出場面，在播放中看到這些的橋田只做三集就退出了。那是個大事件。不過有趣的是，由於橋田退出，從結果上來看，這部連續劇得以引領七〇年代的新穎、流行家庭劇之姿，掀起一場大潮流。

在久世先生《家的味道　城市的聲音》*62一書裡，收錄了以「《時間到了喔》的時期」為題的短文，之中提到關於《時間到了喔》第一集劇本的段落。那是媳婦第一次來到家裡，看到兒子總是替妻子說話的樣子，飾演婆婆一角的森光子*63這麼說：

「兒子娶了太太，我以為是多了一個家人，沒想到是少了呢。」

我雖然稱不上是橋田連續劇的忠實觀眾，但這句台詞確實令人印象深刻。久世先生也提過「那是句經典台詞」。

不過在那之後久世先生與橋田女士就沒有再合作過，我想也許久世先生並不需要這種所謂的「經典台詞」吧。我覺得至少他是想運用一種一直以來在「戲劇」和「電影」中不同的方法來掌握，所謂的電視

——連續劇、所謂的劇本。而在那之中最有共鳴的，應該就是希林女士了吧。

不只是演技

樹木 以前，在《朝日新聞》的訪談專欄*64中，是枝先生曾以非常溫柔的言詞談論過政治，對吧。貴乃花*65帶著右膝的傷在與武藏丸*66的冠軍戰中獲勝，當時的首相小泉純一郎*67邊喊著：「忍著疼痛表現得很好，很令人感動！」邊遞上獎盃。那倒是沒什麼關係，不過為什麼沒有提到輸掉的武藏丸呢？為什麼沒注意到非得和堅持帶傷上場的貴乃花比賽的武藏丸，以及為他加油的人的心情呢？你這麼說。一面舉著那樣的例子，一面以簡單的言詞談論政治，我覺得非常厲害。在那之前我覺得你身為電影導演頗具選擇事物的品味，但讀了那則專欄，更增添了對你做為一個創作者的信賴感。

所以，即使你接下來要走別條路也完全沒有問題，我希望往後二十年你能夠自由地展翅高飛。我知道是枝先生會把一個演員用在好幾部不同的作品中，但我覺得以觀眾的角度來說，應該也會想看看不同風格的選角。

是枝　明明發了演出邀請，卻提出其他女演員的名字說：「這個角色○○比我更適合吧？」的只有希林女士而已（笑）。不過，由於這種經驗在別的地方很難遇到，也算很有趣。

樹木　因為我真的那樣想嘛。《橫山家之味》那次我也以為是試鏡，結果一問：「除了我之外有其他候補嗎？」是枝先生說：「○○女士，」我就說：「啊，比起那個人（這個角色）可能我比較適合。」然後回去了，對吧。

是枝　我說過好幾次了（苦笑），我沒有考慮過其他人。是希林女士一直纏著我問：「如果我拒絕，你打算拜託誰來演啊？」我才當場拚命想出一個名字來回答的。

樹木　為了不讓讀者誤會我要先說，那位女演員也非常有魅力喔。不過那個角色並非大醫院裡貌美的醫生娘，而是私人醫院醫生的平凡妻子，所以我才想那樣的話應該我比較適合吧。……為什麼我當時會那麼想呢？那時我已經得癌症了嗎？已經得了啊……。唉呀，總之我就是會不自覺一直去想這個劇本最適合什麼樣的體質。

是枝　或者該說是製作人的眼光。

樹木　啊，對，說不定就是那樣。嗯……是枝先生，你幾歲了呀？

是枝　五十二歲了。

樹木　那我們差了二十歲啊。我七十二。五十到七十，這段時間非常關鍵喔。算是最精采的時候了。

是枝　您五十歲的時候在想些什麼事呢？

樹木　以年長者為對象的……雖然不知道所謂年長者是指幾歲，不過因為要發行以那個世代的人為對象的雜誌，我曾經上過封面。我記得那時很抗拒上封面這件事，何況那時是還沒生病的時候。

在那之後的十年我開始生病，到現在過了七十歲，已大致能與病和平共存了……。我五十幾歲時在想些什麼呢？我是不太思考過去和未來的人。過了七十歲，我覺得接下來是最精華的時期，什麼都不用想地活著就好。在演藝圈這個森羅萬象的世界中，雖然連同自己在內曾攪亂許多人的生活，但過了七十歲，現在真心覺得這裡是非常舒適的歸屬。

是枝　回顧過往，您不會想到：「說到五十幾歲的話就是演那部作品的時候啊！」

樹木　被問到的話會想起來喔。像是在《美空雲雀物語》*68扮演美空雲雀*69媽媽的角色時大概是四十五歲吧、在NHK晨間劇《跳駒》*70飾演主角的母親而獲頒藝術選獎*71，那時還沒五十歲之類的。不過沒什麼可以大聲說「我演了那部戲」般的作品……。雖然如此卻很會挑剔別人的作品呢。

是枝　（笑）聽那些評論也非常有樂趣呀。

樹木　真是的，我為什麼會那樣評論別人的事呢。若問我在不在意那些，其實我並不在意。話雖如此，也不是如評論家般精確地分析出什麼，只是如井邊閒談般說一下而已。然後就一路來到今天了。

是枝　以前為了拍攝《奇蹟》而待在鹿兒島時，在天婦羅店的吧台並排坐著，聽希林女士和橋爪功*72先生談論許多演員的演技，雖說不是捧人的好聽話，不過也算是非常豐富的演技理論吧。或是該說，那些評論令人非常認同。

樹木　啊，是這樣嗎？能像你這樣想的話倒是沒關係。

是枝　兩位在「我討厭這種東西」的部分深有同感，我覺得非常有趣。

樹木　不過，上了年紀，自己也變得疲憊不堪後，那些放不進自己喜愛的框架中的東西，也變得至少承認他們的存在了，應該是七十歲過後的事吧。以前是連存在都會否定，但現在我了解那些沒道理由我來說三道四，大概是能接受自己不那麼重要了吧。導演在選擇演員的時候，沒有遇過「無論如何就是討厭啊」的情況嗎？

是枝　「討厭」嗎？

樹木　說討厭好像有點奇怪。導演不是這種個性，而是「啊，這個真好！」以這樣的方式來挑選吧。

是枝　看著演員想：「這麼演戲的人，真不錯啊」或是「有點合不來啊」這種的好惡是有啦……。我想挑選的標準應該還有其他不同的地方吧。

樹木　比方說挑選女演員，這種事有過嗎？

是枝　您是說女演員很有魅力所以選她嗎？沒有。

樹木　著迷呢？有過嗎？

是枝　著迷（笑）。嗯……是有過拍了自己選中的女演員，因此著迷的經驗，但因為著迷所以選她這種事，我想至今為止應該沒有過。當然，拍攝中全神貫注看著那個人，要那樣目不轉睛地盯看，如果真不喜歡的話也做不到，而且持續目不轉睛慢慢也會變得喜歡……。雖然有過這種經驗，但從一開始就心想「把這傢伙從現場剔除吧」之類的事卻沒有過（笑）。

樹木　嗯……要不要剔除倒是另一回事。

是枝　只不過，試著拍了一部，會覺得「真想和這個人再合作一次啊」的，終究還是在現場呼吸相同空氣、能有某種默契的人。和那樣的人反覆一起合作這種事還滿常見的。

樹木　「從觀眾的角度來看應該會覺得很無聊吧，」你沒這麼想過嗎？

是枝　幾乎沒有耶。我如果覺得還能和這個人共事，就會想多合作一點。

樹木　哦，這樣啊。「觀眾應該會覺得『已經夠了』吧」，你不會這麼想嗎？

是枝　不會。不過如果我這麼想的時候就不會繼續合作。

樹木　嗯哼。人類是能夠那麼理性深入探討問題的生物嗎？

是枝　舉例來說，因為演了一次這樣的角色，下次就邀請對方來演不同類型的角色，我不是這樣提出邀約的。跟角色無關，而是我想「繼續和這個人合作」的心情。我完全不會考慮「這個他之前已經演過了這次就不要找他吧」或是「觀眾應該會想怎麼又是他」這類的事。不過由我判斷「這次換個人試試吧」倒是有可能。

樹木　我會這麼問是因為很好奇，像「樹木希林」這樣的人，明明這個老太婆已經不能再有什麼新意了，您還是會再次來邀我演出，或是像這樣想從我這裡問出些什麼，理由是什麼呢？當然所有事都可以從各種角度來探討，但是因為我（唱起歌來）♪只有這些，只有這些，已經只有這些了呀～，是這種感覺的角色（笑）。

是枝　不不不。雖然以前您也說過：「就算你提出各式各樣的演出邀約，但是我已經沒有東西可以拿出來了，所以沒辦法。」撇開擔任配角的《海街日記》不說，在《橫山家之味》和《比海還深》中，您呈現出來的東西完全不同。

樹木　儘管服裝、名字、設定都不一樣，但是出場的人、聲音和身體都是一樣的，呈現出來的東西不同那是是枝導演的才能。身為演員就只是張口說「大家好——」然後出場這樣而已。

是枝　您不喜歡重複收到同一個導演的演出邀約嗎？

樹木　與其說不喜歡，是覺得很不好意思。……不過，也不是說裝扮成別的樣子就算得上是看起來不同了，更明確地說是我覺得眼睛看不到的部分也必須要改變吧。

是枝　確實您也曾說過「有所依據的角色比較容易演」，對吧？

樹木　啊，在是枝導演的拍攝現場完全沒有很難演這回事。導演的電影製作反而是會上癮的那種程度，大概所有參與演出的人都會那麼想。我獲得的好評比以前多，於是我就想：「這樣啊，這樣的話還可以靠演戲撐個兩年左右吧。」我就是這種人（笑）。

是枝　（笑）

樹木　所以就算被邀約很多次也不會不喜歡，在現場看到導演全神貫注進到戲劇的世界裡，會想原來你就是那樣邊感受角色邊拍攝的呀，然後也更深切感受到，真是有幸被邀請到一個絕佳的所在呀。與此同時，我也會有「這應該只有一次吧，應該不會持續下去吧」的感覺。如果繼續合作下去，我的水準也必須提升，該說是人品嗎？用詞有點奇怪，會想自己的靈魂必須變得更豐富才行。不過話雖如此，拍攝一結束這些就啪啪被我拋到腦後了（笑）。總之，持續工作這件事對我來說是心存感激的，不過我想問導演的其實是：您是中意我的什麼地方啦。

是枝　嗯……。這樣會變得有點像刻意在讚美您（笑）。

樹木　我只想問清楚這一點啦。

是枝　這樣啊。我喜歡希林女士的演出是不用多說的，此外只要和您在一起，我就會有個念頭：「我想變成一個厲害的導演。」

樹木　又針對我這種不可靠的人……。

是枝　不不不。好難表達喔。我認為如果有打從心底認為「這個導演真是有本事」這樣的演員存在，對導演來說相當重要。我想要非常仔細地觀看演員演出，能讓演員想「啊，原來他會注意到那種地方呀」、能透過演戲溝通的導演。並不是我在操弄演員「請成為我世界中的一員」這樣，而是抬頭挺胸，像在對峙中的對手般，我選擇了希林女士的那種感覺。

樹木　嗯哼，這樣啊。我完全沒有意識到耶。雖然沒有意識到，但是枝先生做為一個人的魅力、存在、以及至今為止的生活歷練，我是非常欣賞的。我自己是拍攝結束後就唰地把劇本丟掉的那種沒禮貌的演員（笑），從不和他人比較，覺得能開心又平靜地活著就很好的那種人。像這樣連我自己都不喜歡的我，是枝先生卻不僅不討厭，還以「從這個角度來看看吧」的態度迷人地引導我。那樣的人能這麼對我說……我想如果生命允許，我就還能再多活一下吧。現在我真的這麼想，這是寶藏呢，我的（笑）。

以前，在東寶的攝影棚裡拍《橫山家之味》時，因為我總是在家啪啪地捏好飯糰帶去，到了食堂再搭配味噌湯和另外一道東西。吃完飯回收餐盤時，食堂阿姨突然對我說：「你啊，是日本的寶藏喔！」我下意識環顧周遭，心想：「咦？她剛剛說了什麼？確實說了『日本的寶藏』，對吧？」（笑）「啊，是嗎？」我這麼回答後就離開了，現在的開心程度完全可以媲美當時。

註

＊1 大竹忍

演員、歌手。一九五七年生於東京。一九七三年，以電視劇《我是女生》出道。代表作有連續劇《男女7人夏物語》、《溫柔時光》、《儘管如此也要活下去》、電影《青春之門 自立篇》、《啊，野麥峠》、《永遠的1／2》、《宛如阿修羅》、《媽媽要出嫁》、《哀悼人》、《後妻業之女》、《眞田十勇士》等。是枝的作品則演出了《海街日記》。

＊2 野田秀樹

劇作家、導演、演員。一九五五年生於長崎縣。一九七六年，以東京大學戲劇研究會爲基礎，成立了劇團夢之遊眠社，發表許多以「文字遊戲」和「重製」爲特徵的名作。一九九三年，設立了戲劇企畫製作公司野田地圖。代表作有《野獸降臨》、《半神》、《仿冒・盛開的櫻花林下》、《Kiru》、《THE BEE》、《繩索》、《PAIPA》、《The Character》、《向南》、《雞蛋》、《MIWA》、《逆鱗》、《足跡姬～時代錯誤冬幽靈》等。一九九四～一九九七年間和大竹忍同居生活。

＊3 阿木燿子

作詞家、演員、小說家。一九四五年生於神奈川縣。作詞的代表作有《港口的YOKO・橫濱・橫須賀》、《橫須賀的故事》、《Playback Part 2》、《愛的迷戀》、《DESIRE—情熱—》等。文中提到的對談，指的是刊登於二〇一四年九月十四日號《SUNDAY 每日》上的「阿木燿子的盛艷」。

＊4 芥川比呂志

演員、導演。一九二〇年生於東京，爲作家芥川龍之介的長男。在慶應義塾大學文學部就讀時，與劇作家加藤道夫等人一同展開學生戲劇之路。一九四七年，與加藤及其妻子加藤治子等人組成麥之會。一九四九年，併入文學座，成爲主要演員，大放異彩。一九六三年開始領導劇團雲的活動。一面顧及演員事業，一面發揮導演才能，以《司卡班的詭計》獲得藝術選獎文部大臣賞、以《海神別莊》獲得文化廳藝術祭優秀賞。而後，創立演劇集團圓並擔任負責人。一九八一年過世。

*5　山田洋次

電影導演。一九三一年生於大阪府。東京大學法學部畢業，歷經報社的工作後，備取進入松竹電影公司。一九六一年，以《二樓的陌生人》出道。一九六八年，擔任富士電視台連續劇《男人眞命苦》之提案人及腳本撰寫，並於隔年拍成電影。代表作有《家族》、《電影天地》、《兒子》、《學校》、《抓住彩虹的男人》、《黃昏清兵衛》、《隱劍鬼爪》、《武士的一分》、《母親》、《弟弟》、《東京家族》、《東京小屋的回憶》、《我的長崎母親》、《家族眞命苦系列》、《電影之神》等。

*6　向田邦子

編劇、散文家、小說家。一九二九年生於東京。實踐女子專門學校（現實踐女子大學）國文科畢業，歷經社長秘書的工作後改行進入雄雞社，在「電影故事」編輯部擔任編輯。一九六〇年，自立門戶成爲自由作家。一九六二年，撰寫廣播劇「森繁的高級主管課本」劇本。一九六四年，撰寫電視劇《七個孫子》劇本。代表作有《時間到了喔》、《寺內貫太郎一家》、《冬季運動會》、《家族熱》、《宛如阿修羅》、《夥伴》、《宛如蛇蠍》等。一九八一年，於台灣取材旅行途中，遭遇空難過世，享年五十一歲。

*7　《宛如阿修羅》

在NHK土曜電視劇時段於一九七九年（全三集）、一九八〇年（全四集）播出。主角四姐妹由加藤治子、八千草薰、石田良子、風吹純飾演。

*8　深町幸男

導演、電影導演。一九三〇年生於東京。一九六三年進入NHK，與早坂曉、向田邦子、山田太一等人合作發表過許多作品。代表作有《事件系列》、《夥伴》、《夢千代日記系列》、《準備過冬》、《襯衫專賣店》、《父親的道歉信》、《朋友》、《春之砂漠》、《春天一族》、《舞孃》、《痲醉》、《秋天一族》等。樹木從《夢千代日記》開始成爲深町代表作中的常客，曾演出《花遍路．風的昭和日記》、《今晨之秋》、《廚房的聖女》、《污濁了的悲傷中》、《兄妹》、《大往生》、《你敬我一尺 我敬你一丈》等衆多作品。二〇一四年過世。

＊9　加藤治子

演員。一九二二年生於東京。一九三九年以電影《採花日記》出道。一九四一年，加入不久後成爲其丈夫的加藤道夫與芥川比呂志等人組成的新演劇研究會劇團。戰後以麥之會之姿再出發，一九四九年加入文學座後以主角級的身分成名。一九六四年，在《七個孫子》中飾演母親，而後在家庭劇中以母親角色維持高知名度。代表作有向田邦子的連續劇《寺內貫太郎一家》、《冬季運動會》、《家族熱》、《宛如阿修羅》、《蘿蔔之花》、電影《花一匁》、《女稅務員》、《我買單》、《弟弟》等。亦以聲優的身分活躍於吉卜力工作室的動畫《魔女宅急便》、《霍爾的移動城堡》。二〇一五年過世。

＊10　和田勉

導演、電影導演。一九三〇年生於三重縣。一九五三年進入NHK，以電視劇導演、製片人的身分活躍業界。代表作有《龍馬行》、《鹿鳴館》、《金色夜叉》、《越過天城》、《獸道》、《這家貿易公司》、《女殺油地獄》、《黎明之前》等。一九八七年退休。二〇一一年過世。在《宛如阿修羅》於一九七九年全三集的作品中，擔任第一集及第三集的執導。

＊11　《寺內貫太郎一家》

於一九七四年在TBS水曜劇場播出（全三十九集）。劇本由向田邦子撰寫，久世光彥製片，主角爲小林亞星。以喜劇風格描述昭和的東京下町，經營石材店的一家人及周遭親友充滿人情味的日常，創下平均收視率百分之三十一點三的紀錄。續篇（全三十集）於一九七五年上檔，特別篇則於一九九一年、一九九八年、二〇〇〇年播出。此外，飾演一家人中老婆婆一角的樹木當時年僅三十一歲。

＊12　《MU》

在一九七七年於TBS水曜劇場播出（全二十六集）。承接在《時間到了喔》、《寺內貫太郎一家》之後，久世光彥親自擔任導演及製片。以東京新富的襪子店「兔子屋」爲舞台的家庭喜劇，綜藝節目的要素增加，其中亦有不少直播的集數。

＊13　《MU一族》

於一九七八～一九七九年在TBS

水曜劇場放映，做爲《MU》的續集播出（全三十九集）。會突然開始如資訊節目般的單元（MU資訊），或由鄉裕美和樹木希林唱起插曲〈林檎殺人事件〉等，比《MU》更具綜藝節目色彩。

＊14　久世光彥

導演、製片人。一九三五年生於東京。東京大學文學部畢業後，進入東京廣播公司。一九六五年，執導向田邦子的電視劇本出道之作《七個孫子》。而後，製作了《時間到了喔》、《寺內貫太郎一家》、《MU》、《MU一族》等名留電視劇史的作品。一九七九年離職後，創立製作公司「KANOX」。代表作有《女兒的道歉信》、《午夜的玫瑰》、《女人的食指》、《時間又到了喔》、《討厭的傢伙們》、《明天會吹我的風》、《小石川之家》、《旋律》、《老師的提包》、《向田邦子的情書》、《夏目家的餐桌》等。一九八七年以《昭和幻燈館》爲開端，留下小說、評論、隨筆等衆多著作。二〇〇六年過世。

＊15　絕交

一九七九年一月，在《MU一族》的殺青宴中，樹木希林致詞時揭露了製片人久世光彥和飾演「近松屋的小孩」角色的野口智子外遇，且野口已經懷孕八個月一事。久世承認前述之事，並於這部作品後離開TBS、正式離婚、與野口再婚。自此，樹木與久世絕交，至一九九六年播出的連續劇《小少爺》爲止。

＊16　《小少爺》

一九九六年於TBS播出。改編自夏目漱石原作《少爺》，爲平成版的溫馨喜劇。久世光彥執導，少爺由鄉裕美擔綱，淸、Kuro兩個角色則由樹木飾演。

＊17　內田裕也

音樂家、演員，樹木希林的丈夫。一九三九年生於兵庫縣。一九五九年，於日劇《西方嘉年華》正式出道。而後曾任「內田裕也與Flowers」的主唱，七〇年代後半開始以演員身分活動。在電影《才不需要什麼動漫雜誌！》、《魚裡的戴奧辛！》中同時擔任編劇與主角。二〇一八年過世。

＊18　《東京鐵塔》特刊
指二〇〇七年三月二十日開賣的《SWITCH》卷首特輯「小田切讓『九・故事・弗洛姆・東京鐵塔』」。

＊19　在澡堂打雜的人
指電視劇《時間到了喔》中樹木飾演的員工角色。

＊20　服部晴治
電視劇導演。一九四〇年生。進入TBS後於一九八〇年播出的連續劇《寂寞的戀人》中擔任導演。與女主角大竹忍於一九八二年結婚，育有一子，一九八七年過世。

＊21　綾瀨遙
演員、歌手。一九八五年生於廣島縣。二〇〇一年，於連續劇《金田一少年事件簿》出道。代表作有連續劇《在世界的中心呼喊愛情》、《魚干女又怎樣》、《仁醫》、《八重之櫻》、《精靈守護者》、《韋駄天》等。主演的電影有《我的機器人女友》、《盲劍》、《巨乳排球》、《棄寶之島：遙與魔法鏡》、《萬能鑑定士Q蒙娜麗莎之瞳》、《高台家的成員》、《本能寺大飯店》、《今夜，在浪漫劇場》等。

＊22　千本福子
電視導演、電影導演。一九二八年生於中國大連。一九五三年進入日本電視台。於一九五九～一九六二年的「愛的劇場」系列中引起注目。一九八八年，以《明日　一九四五年八月八日・長崎》爲最後的作品離開日本電視台。代表作有《緣》、《天佃天》、《時髦的鯉小姐》、《爲母如地獄》、《跑山的女人》等。二〇〇六年，於電影《紅鯨與白蛇》中初次擔任導演。

＊23　鈴木清順
電影導演、演員。一九二三年生於東京。一九四八年，通過松竹大船攝影所第一屆副導演考試，成爲副導演。一九五四年，轉換至日活電影公司。一九五六年，在《勝券在握》中以導演出道。一九七七年，轉到松竹電影公司。代表作有《肉體之門》、《殺手烙印》、《流浪者之歌》、《陽炎座》、《夢二》、《手槍歌劇》、《狸御殿》等。二〇一七年過世。

＊24　《明日　一九四五年八月八

日・長崎》一九八八年八月九日，於日本電視台播出的電視劇。原作爲井上光晴的同名小說。大竹忍飾演即將臨盆的長女與妓女兩角。獲得藝術祭電視劇部門作品賞。

＊25 市川森一

編劇、劇作家、小說家。一九四一年生於長崎縣。一九六六年於兒童節目《快獸布斯卡》第四集以編劇出道。歷經《超人七號》、《歸來的超人》、《彗星公主》等兒童節目後，將重心轉往電視劇，一九七四年，於萩原健一和水谷豐主演的《傷痕累累的天使》中嶄露頭角。代表作有電視劇《露珠項鍊》、《親戚們》、《幽婚奇緣》等，電影則有《幽異仲夏》、《長崎漫步曲》、《多襄丸》等。二〇一一年過世。

＊26 田中裕子

演員。一九五五年生於大阪府。大學在學期間即進入文學座劇團。一九七九年以NHK晨間劇《阿瑪姐姐》出道。代表作有連續劇《向田邦子新春系列》、《Mother》、《我的超人媽媽》、電影《二十四隻瞳》、《大阪物語》、《火火》、《最初的路》等。

＊27 山田太一

編劇、小說家。一九三四年生於東京。早稻田大學教育學部畢業後，進入松竹電影公司，師從木下惠介導演。一九六五年離開公司，成爲自由劇作家。一九六八年，執筆「木下惠介Hour」節目中的《三口之家》，獲得高收視率。代表作有《男人們的旅途》、《岸邊的相冊》、《製造回憶》、《早春素描簿》、《長不齊的蘋果們》、《Chiroru 輓歌》、《山丘上的向日葵》、《拼布之家》等。

＊28 笠智眾三部曲

指由山田太一寫劇本、笠智眾主演的傑作《若能長壽》、《準備過冬》、《今晨之秋》。

＊29 《今晨之秋》

一九八七年於NHK播出的電視劇（全六集）。透過照顧來日無多、生病兒子的老人模樣，深入探討生死及人類的善惡。

＊30 杉浦直樹

演員。一九三一年生於愛知縣。於

一九五八年上映的電影《生鏽的刀》中受到注目。離開松竹後成爲自由演員，演出許多名作如向田邦子的《父親的道歉信》、《夥伴》、山田太一的《岸邊的相冊》等。二〇一一年過世。

＊31　笠智衆

演員。一九〇四年生於熊本縣。一九二五年進入松竹電影公司。約當了十年普通演員後，被導演小津安二郎發掘，在《大學是個好地方》中擔任配角。此後，亦參與《父親在世時》、《晚秋》、《東京物語》、《秋刀魚之味》等演出，成爲小津作品中不可或缺的演員。一九九三年過世。

＊32　杉村春子

演員。一九〇六年生於廣島縣。一九三七年加入劇團文學座。一九四〇年在舞台劇《Funny》中擔任主角，成爲代表文學座的招牌女演員。於同年上映的電影《奧村五百子》中首次擔任主角。而後，亦獲得黑澤明、木下惠介、小津安二郎、成瀨巳喜男、溝口健二等衆多大師好評，演出逾一百四十部作品。代表作有舞台劇《女人的一生》、《慾望街車》、《華岡青洲之妻》、《花護佳人袖不沾雨》、《華麗一族》等，電影《我對青春無悔》、《晚春》、《麥秋》、《飯》、《東京物語》、《流浪記》、《浮草》、《秋刀魚之味》、《紅鬍子》、《濹東綺譚》、《午後的遺書》等。一九九七年過世。

＊33　倍賞美津子

演員。一九四六年生於茨城縣。一九六七年，與親姐姐倍賞千惠子於《純情二重奏》中飾演同父異母的姐妹出道。代表作有《人斬》、《我要復仇》、《活著幹死了算黨宣言》、《戀文》、《OUT》等。亦活躍於電視圈，二〇〇七年在《東京鐵塔：老媽和我，有時還有老爸》裡飾演老媽一角大受好評，此後，演出主角母親、祖母角色的機會大增。

＊34　山茶花究

演員、藝人。一九一四年生於大阪府。小劇團「Casino Folies」的歌手，曾爲淺草歌劇院的演員，一九三七年加入綠波一座劇團，與森繁久彌相遇。以喜劇演員身分活躍於舞台劇及電影的同時，亦受到森繁邀請，參與一九五五年上映的電影《夫婦善哉》。此後，除演出森繁主演的《社長系列》、《站前系列》外，也被黑澤明及川島雄三等人視爲珍寶。一九七一年過世。

＊35 《我想成爲貝殼》

一九五八年於東京廣播公司（現TBS）的三陽電視劇場節目中播出。主角爲Frankie堺。採用前陸軍中尉加藤哲太郎獄中手記《從瘋狂戰犯到死刑囚犯》遺書部分創作出的虛構故事，描述第二次世界大戰中刺殺俘虜的理髮店老闆被逮捕、處刑的經過。於一九五九年及二〇〇八年翻拍成電影；一九九四年翻拍成電視連續劇。

＊36 石川甫

導演。進入東京廣播公司後，擔任一九六一～一九六七年播出的近鐵金曜劇場的製片人。執導代表作有《鹿鳴館》、《甜甜女孩》、《巨塔》等。亦擔任長篇紀錄片電影《日本殘酷物語》的編劇。

＊37 文學座

一九三七年，由岸田國士、久保田萬太郎、岩田豐雄發起組成。一九四九年，芥川比呂志、加藤道夫、加藤治子等人的麥之會與之合併。以創立者三人、森本薰、加藤道夫、三島由紀夫、有吉佐和子等人的作品做爲同時代的新作演出。亦積極公演莎士比亞、契訶夫、田納西·威廉斯、桑頓·懷爾德的翻譯劇。一九六三年，芥川比呂志、高橋昌也、加藤和夫、小池朝雄、岸田今日子、加藤治子等二十九位劇團成員退出，與福田恆存創立現代演劇協會劇團雲。一九六六年，岸田森、悠木千帆（後來的樹木希林）、草野大悟等人亦退出，組成劇團六月劇場。

＊38 新劇

與舊劇（指歌舞伎，又名舊派）、新派（以起源於明治時代的「壯士芝居」、「書生芝居」等爲基礎的現代劇）相對的詞彙，以歐洲流的近代、藝術性戲劇爲目標。關東大地震後組成的劇團築地小劇場確立了新劇運動，緊接其後的有劇團文學座（一九三七年組成）、俳優座（一九四四年組成）。

＊39　小津安二郎

電影導演、編劇。一九〇三年生於東京。一九二七年，執導時代劇《懺悔之刃》出道。以被稱爲「小津調」的獨特影像世界留下衆多名作。代表作有《晚春》、《麥秋》、《東京物語》、《早安》、《秋刀魚之味》等。一九六三年過世。

＊40　黑澤明

電影導演。一九一〇年生於東京。一九三六年，進入P.C.L.電影製作所（後與東寶合併）擔任副導演。一九四三年，執導《姿三四郎》出道。以強而有力的影像表現與貫徹人道主義的作風榮獲「國際的黑澤」之美譽。代表作有《羅生門》、《生之慾》、《七武士》、《大鏢客》、《天國與地獄》、《紅鬍子》、《亂》等。一九九八年過世。

＊41　《秋刀魚之味》

一九六二年上映的電影，爲小津安二郎導演的遺作。雖以嫁出女兒後父親的衰老及孤獨爲主題，但笠智衆扮演的父親與友人的應酬爲全片增添了幾分喜劇味。演出者有岩下志麻、佐田啓二、岡田茉莉子等。

＊42　《櫻花之歌》

一九七六年於TBS水曜劇場播出。在東京藏前經營小整骨院的丈夫（若三富三郎）與其妻子（加藤治子），爲懷著戀人的孩子卻不願結婚的長女（悠木千帆）及愛上有婦之夫的次女（桃井薰）傷透腦筋。製片人久世光彥於總共二十六集的戲劇中，參與含第一集及最終集，共九集的執導。

＊43　《晚春》

一九四九年上映的電影，爲小津安二郎導演首次描寫「圍繞著女兒結婚的家庭劇」。於本作品、《麥秋》（一九五一年）及《東京物語》（一九五三年）中，原節子飾演的女主角皆名爲「紀子」，故也稱爲「紀子三部曲」。演出者有笠智衆、原節子、月丘夢路、杉村春子等。

＊44　「Pinky & Killers」的〈戀愛的季節〉

一九六八年開賣Pinky & Killers的出道單曲。獲得第十屆唱片大賞新人獎，共賣出兩百七十萬張。Pinky爲歌手今陽子，Killers爲伴奏樂團的四位男性。

＊45 《事到如今大遺言書》

二〇〇四年新潮社出版。將《週刊新潮》的連載文章集結爲單行本，與《大遺言書》（二〇〇三年）、《正因爲活著》（二〇〇五年）、《再見大遺言書》（二〇〇六年）合成四部曲。

＊46 山藤章二

諷刺漫畫家、插畫家。一九三七年生於東京。武藏野美術大學設計科畢業後，一九六〇年進入國立宣傳研究所工作。曾獲許多設計獎，於一九六四年轉爲自由創作者。一九七六年開始於《週刊朝日》雜誌上連載「山藤章二的黑色觀點」，將藝人或話題人物與時事結合在一起的風格爲其特色。

＊47 堺正章

搞笑藝人、歌手、演員、主持人。一九四六年生於東京。一九六二年，年僅十六歲便加入樂團「The Spiders」擔任主唱。演出一九七〇年開始的連續劇《時間到了喔》，與樹木皆大受觀衆歡迎。

＊48 《向田邦子新春系列》

久世光彥在向田邦子過世後，於一九八五年～二〇〇一年間執導的連續劇系列。

＊49 TV MAN UNION

一九七〇年，以從TBS離職的萩元晴彥、村木良彥、今野勉等導演爲中心創立，爲日本最早的獨立電視節目製作公司。是枝於一九八七年加入，二〇一四年自立門戶，與電影導演西川美和及砂田麻美等人一起設立製作人公司「分福」。

＊50 《NONFIX》

一九八九年開始於富士電視台播出的紀錄片節目，現在於關東的地區性節目也會不定期播出。孕育出森達也、瀨瀨敬久等衆多電視、電影導演。是枝亦於《NONFIX》中製作了《然而……～福利消失的時代～》、《另一種教育～伊那小學春班的記錄～》、《污染去哪了……》、《愛之八月天》、《系列憲法～第九條・棄戰「忘卻」》等。

＊51 小池光

詩人。一九四七年生於宮城縣。東北大學研究所理學研究科碩士。一九七二年，加入短歌社團「短歌人」。一九七五～二〇〇六年擔任理科教師。一九七八年，出版第一本詩集《巴沙爾的羽翼》，獲得現代詩人協會獎。二〇〇一年第五本詩集《靜物》獲得藝術選獎新人獎（文學部門）。二〇一六年，第九本詩集《思川的岸邊》獲得讀賣文學獎。

＊52　《昭和幻燈館》
一九八七年，晶文社出版。一九九二年，以同書名由中公文庫出版。

＊53　回顧日本電視綜藝史的節目
此指二〇一〇年三月二十七日於富士電視台「Channel Σ」播出的《都是萩本欽一的錯》。

＊54　《時間到了喔》
在TBS於一九七〇～一九七三年，橫跨三季播出（全九十五集）。是一齣以在東京五反田經營澡堂「松之湯」的松野家爲中心的家庭劇，主演爲森光子。除描寫松野家的繼承問題外，各系列試鏡中被選出來的新人（依序爲川口晶、西眞澄、淺田美代子）與堺正章、悠木千帆飾演員工的「三重奏澡堂」笑點不斷，使他們成爲家喻戶曉的人物。

＊55　《年子小姐》
一九六六年於TBS播出。在《七個孫子》中樹木飾演的女傭（年子小姐）大受歡迎，以該角色爲主角製作而成的電視劇。

＊56　橋田壽賀子
編劇、劇作家。一九二五年生於京都府。一九四九年進入松竹電影公司，被分發到編劇部門，爲第一位女職員。一九五九年自立門戶。一九六四年，於《給他袋子》中以編劇的身分出道，同一年的《凝視愛與死》掀起話題。代表作有《蒲公英》、《心》、《阿信》、《春日局》、《冷暖人間》等。以劇本的台詞長、不允許導演或演員更改台詞聞名。

＊57　《做出「時間到了喔」的男人——久世光彥的戲劇世界》
二〇〇七年，雙葉社出版。耗時六年的訪談揭露了傳說中連續劇製作的秘辛。

＊58　岡本信人
演員。一九四八年生於山口縣。一

九六二年，於ＮＨＫ連續劇《福澤諭吉》中以童星身分出道。之後演出《大膽老媽》成爲ＴＢＳ家庭劇的名配角，石井福子製片作品中的常客。亦參與許多常與石井合作的橋田壽賀子的劇本演出。代表作有連續劇《謝謝系列》、《冷暖人間》、電影《惡魔的手毬歌》、《少爺》等。

＊59　澤田雅美

演員。一九四九年生於神奈川縣。一九六四年，以《我家有十一個人》出道。代表作有連續劇《渥美淸的我才不會哭》、《大膽老媽》、《謝謝》、《冷暖人間》、《岸邊的相冊》、舞台劇《女人的家》等。

＊60　《大膽老媽》

一九六八～一九七二年橫跨三季於ＴＢＳ播出（全一百一十七集），導演爲石井福子，編劇爲平岩弓枝，創下高達百分之三十八的收視率，成爲替後來的《謝謝》、《冷暖人間》打開人氣路線的先驅。演出者有京塚昌子、山口崇、長山藍子、澤田雅美等。

＊61　《冷暖人間》

一九九〇～二〇一一年於ＴＢＳ木曜21時陸續播出的系列（全五百一十集）。演出者有泉平子、長山藍子、中田喜子、藤岡琢也、山岡久乃等。

＊62　《家的味道　城市的聲音》

二〇〇一年，主婦之友社出版。受敬愛的山本夏彥所託，將於雜誌《室內》中連載的內容集結成單行本出版。二〇〇六年，改標題爲《從前有矮餐桌的時候》，由筑摩書房出版。

＊63　森光子

演員。一九二〇年生於京都府。一九三五年於電影《業平小僧　春霞八百八町》中出道。一九六一年，獲選爲舞台劇《放浪記》的主角。一九六六年開始演出《天國的爸爸你好》、《時間到了喔》等衆多電視連續劇，獲得屹立不搖的人氣地位。二〇一二年過世。

＊64　訪談專欄

指於二〇一四年二月十五日發行的《朝日新聞》中刊登的「正是現在來聊政治吧『二分法的世界觀』」。此處的貴乃花與武藏丸之戰，指的是二〇〇一年五月會期的閉幕戰。

＊65　貴乃花

前大相撲力士（第六十五代橫綱）、藝人。一九七二年生於東京。本名花田光司。於名門中長大，其父爲貴乃花利彰，伯父爲初代若乃花。一九九〇年晉升爲幕內力士，與哥哥若花田一同掀起「若貴風潮」。一九九四年晉級爲橫綱。二〇〇三年一月會期第九天，公布現役引退（當時三十歲）。引退後擔任貴乃花部屋師父，二〇一〇年就職成爲日本相撲協會理事。二〇一八年辭職。

＊66　武藏丸

前大相撲力士（第六十七代橫綱）、藝人。一九七一年生於夏威夷州歐胡島。舊名爲Fiamalu Penitani。由於經濟因素放棄大學學業，接受加入大相撲的邀約，進入武藏川部屋。四股名（譯者註：相撲選手的藝名）「武藏丸」源自所屬的武藏川部屋及本名Fiamalu（譯者註：其本名結尾malu與日文「丸」同音）。一九九一年晉升爲幕內力士，一九九九年晉級爲橫綱。二〇〇三年十一月會期第八天公布現役引退。引退後以隸屬於武藏川部屋的身分擔任親方指導晚輩。現除藝人活動外，亦擔任相撲協會監察委員。

＊67　小泉純一郎

政治家。一九四二年生於神奈川縣。二〇〇一～二〇〇六年擔任第八十七～八十九代內閣總理大臣。

＊68　《美空雲雀物語》

一九八九年於TBS播出。本人的紀錄片畫面亦穿插其中，十分寫實。美空雲雀由岸本加世子飾演。

＊69　美空雲雀

歌手、演員。一九三七年生於神奈川縣。十二歲時主演的電影《悲哀的口哨》風靡一時，電影主題曲亦賣出四十五萬張（當時爲史上最高紀錄），成爲國民歌手。一九六〇年，以《哀愁的碼頭》一曲獲得日本唱片大獎歌唱獎，並被封爲「歌謠界的女王」。代表作有《東京的孩子》、《蘋果花》、《是碼頭喲、父親》、《港街十三號》、《柔》、《悲哀的酒》、《紅彤彤的太陽》、《裡街酒場》、《蓬亂的頭髮》、《川流不息》等。一九八九年過世。

＊70《跳駒》

一九八六年播出的ＮＨＫ晨間劇（第三十六部作品）。由當時火紅的偶像齊藤由貴主演，描述活躍於明治～大正年間一位女性報社記者的半生。樹木以四十三歲的年紀演出母親一角大獲好評，隔年獲得第三十七屆藝術選獎文部大臣獎。與獲得文部大臣新人獎的齊藤爲「母女獲獎」。

＊71 藝術選獎

爲文化廳主辦的藝術家表揚制度。於一九五〇年開始，每年頒予藝術各領域中成就非凡者文部科學大臣獎；而其成就使該領域有所突破者則頒予文部科學大臣新人獎。是枝亦於第六十四屆獲頒文部科學大臣獎獎項。

＊72 橋爪功

演員。一九四一年生於大阪府。一九六一年錄取爲文學座附屬演劇研究所第一屆學生。一九七五年參與演劇集團圓的創立，現擔任其負責人。在舞台、電影、連續劇中，不管是滑稽或嚴肅的角色皆能駕馭，戲路廣泛。代表作有電影《婚禮上也請節哀順變》、《東京家族》、《家族眞命苦》等。是枝的作品則演出了《奇蹟》、《比海還深》、《第三次殺人》。

第 3 章

吃這件事。老這件事。

2016 年 4 月 11 日

於六本木／某攝影棚

我曾接受希林女士邀約，製作過納豆的廣告節目。那是《橫山家之味》拍攝結束的二〇〇七年秋天，十月的事了。

就是「來吃黃金粒吧～」那則廣告。坐在廚房布景的桌邊，希林女士埋頭津津有味地吃納豆。那個吃著納豆的樣子非常精采，或者該說，非常厲害。用筷子挾起白米和牽絲的大顆納豆把兩頰塞得滿滿的，豪邁地發出聲音將殘留在嘴邊的納豆和白米一起窣地吸進嘴裡，很美味似地發出「嗯——」的感嘆聲。真的非常精采。森繁先生不只一次說，擅長跌倒是一個好演員的必備條件，但我覺得能邊吃邊說台詞也是好演員該具備的條件之一。

但是，在廣告委託商的試映中，評價卻不甚理想。雖是間接聽來的，但似乎是吃法「很髒」的批評。在製作廣告時，常常有這種歧異出現，委託時說：「請以紀錄片風格呈現，」結果完成後，卻收到不知道是委託商還是代理商還是哪一方的說法：「希望解說能更淺顯易懂一點！」在不知道最終決定權在誰手上的情況下，拍攝現場慌亂無章，不得已拍了好幾個版本，事後只能用電腦繪圖增增減減之事屢見不鮮。

那時我也無可奈何地將黏在希林女士嘴邊的納豆用電腦繪圖消去好幾顆，實在是非常可惜的一次經驗。

幾天後，和希林女士談到這件事，

「畢竟我又不是（吉永）小百合……」

希林女士笑著說。

除了電影之外，還曾在廣告及我演出的NHK節目《課外授業　歡迎前輩》*1的旁白等，多次像這樣和希林女士共事。邊看畫面邊當場加上解說，那並不是唸出事先準備好的內容，而是將當下閃過的感想拋出去使之與畫面結合。希林女士的動態視力、反射神經及其選擇直爽用詞的品味，真的令我受益良多，可能站在電視劇或電影拍攝現場時也有某些共通點吧。

在訪談中，

「您中意我的什麼地方呢？」

被直接這麼問時，我一時詞窮答不上來，但若要用一句話來說，我想還是「有趣」吧。樹木希林非常有趣。不是很厲害、很開心、也不是能有所成長，主要是因為有趣。

從「小配角」到主角

是枝 這次我想要一邊觀看實際的作品畫面一邊進行訪談，首先想要請教關於《東京鐵塔：老媽和我，有時還有老爸》。說到理由的話，是因為如果我沒有看這部電影，我就不會邀請希林女士來演《橫山家之味》了。

樹木 啊，這樣啊。

是枝 在那之前希林女士大多是客串，只出現一下下。

樹木 對對，只出現一下。

是枝 雖然只出現一下，卻把整部戲牽著走。

樹木 才沒有那種事，是「小配角」喔（笑）。

是枝 但是，我覺得從這部作品開始，希林女士面對作品的態度、姿態明顯改變了。

樹木 如果鏡頭很多，就不會像「小配角」時期般做出那麼極端的演出了（笑）。

是枝　原來是這麼回事啊。只出現一下的時候，會努力在那短暫的時間裡讓人留下印象的意思。

樹木　沒錯沒錯。會盡力在瞬間表現得淺顯易懂。

是枝　希林女士二〇〇五年動了乳癌手術，而這部作品是在二〇〇七年上映。您生病和接受這個角色邀約，兩者之間有什麼密切關聯嗎？

樹木　完全沒有關聯。雖然吉永小百合*2女士說，不忍心看罹癌的我扮演這個角色，但我的病沒有那麼難受，我只是演的而已，大概是這種感覺，很平淡的那種喔。

是枝　如果是這樣的話，您想試試這部作品的契機是什麼呢？

樹木　久世光彥先生來找我說，要在電視上拍這個，問我能不能參加演出。聽說 Lily（Franky）*3先生很喜歡久世先生的連續劇，希望有一天能和久世先生及樹木希林一起合作，雖然想翻拍成電影的邀約非常多，但 Lily 先生自己將劇本託付給了久世先生。之後久世先生將劇本送到我這裡，我讀了之後覺得非常有趣。說有趣可能有點語病，是一種，啊，人生就是這樣啊……的感覺。

接著久世先生說：「富士電視台同意了，所以要在電視上拍。」我說：「但我已經不拍電視了。」其實我並沒有打算不拍，只是為了和久世先生劃清關係才那麼說的，我說：「如果是電影的話我就拍。」因為久世先生以前曾失敗過，所以他不拍電影。然後「拍成電視」「拍成電影」不斷交涉，結果我說：「如果只有一個畫面我就演吧，」（在初次影像化的單集連續劇*4中）以房東還是什麼的角色參與演出了。唉……雖然久世先生在開拍前過世，導演換成別人了。在那之後，因為我說過：「如果是電影的話我就拍，」所以變成在電影版中演出老媽角色。

是枝 在電影中有個，雖然不是非常重要的地方，但那個片段卻令我印象深刻。是老媽搭上新幹線前往東京的片段。

◉ 東京鐵塔：老媽和我，有時還有老爸　◉ 01:17:20～

新幹線車廂內。一個人，坐在座位上看著窗外的老媽（樹木）。想不開似的認真表情。

是枝　在這裡希林女士做出了稍微將椅背收回來的動作，對吧？

樹木　那是我的決心。

是枝　那個演出是希林女士自己做的嗎？

樹木　印象中導演應該什麼都沒說……。

是枝　那真的很厲害。在新幹線中看著前方唰地將椅子收起來的感覺，非常清楚地表現出老媽不再回故鄉，要在東京生活下去的決心。

樹木　原來如此。我自己倒是完全沒有想到那種事。

是枝　越過座位捕捉希林女士表情的笠松則通*5先生的鏡頭位置也十分絕妙。接下來是希林女士吃素麵的片段。

◉東京鐵塔：老媽和我，有時還有老爸　◉01:23:49～

我（小田切讓）的家。在廚房餐桌上，我和老媽在吃早餐。桌上擺著素麵和幾道小菜。我談著儲蓄和年金的話題。老媽邊聽，邊一口、兩口地吃著素麵。

樹木　這裡有哪部分很好？

是枝　希林女士吃素麵的方式。

樹木　平常不都是那樣吃嗎？

是枝　一般的女演員不會吃那麼多。希林女士吃的量很多，雖然只吃了兩口，但塞進嘴裡的量非常多。

樹木　確實如此。而且邊吃還邊說那麼多話。

是枝　沒錯。因為還有台詞，通常很難吃下那麼多。

樹木　原來如此。原來是枝先生會注意到那種地方啊。不過那對我來說，是很理所當然的事。

是枝　我覺得現在的女演員應該做不到。希林女士很擅長邊吃邊說話的演出吧？

樹木　與其說是擅長，應該說不那麼做的話就會有點假了。

是枝　那是從誰身上學來的呀？

樹木　森繁先生、久世先生……。還有，因為向田女士會毫無節制地在劇本裡寫吃東西的場面。包粽子的方法之類的也真的學過，咻地捲起來最後喇地夾起來等等，這種事也全都做過。實際製作食物或是實際吃東西，在演戲的同時也真的吃下去，我覺得那是非常理所當然的事。

是枝　現在已經變得一點也不理所當然了。

樹木　如果是千金小姐的角色我就不會那樣吃素麵了（笑）。不過，根本不可能呀，不會有千金小姐的角色邀約。

是枝　也請讓我詢問關於演員陣容的事。您的女兒內田也哉子演出年輕時期的老媽角色，那個邀約是導演松岡錠司*6先生直接提出的嗎？還是希林女士的提議呢？

樹木　那是跟曾經編輯也哉子隨筆集，也擔任《東京鐵塔》電影版企畫、製片的秋山道男[*7]先生聊著聊著，聊到「也哉子滿合適的耶」大概是這樣。不過事後我被也哉子罵：「媽媽，可以不要把我們綁在一起強迫推銷嗎？」（笑）。對了對了，秋山先生很想讓宋康昊[*8]來演老爸的角色喔。不過聽說對方以「我不會說日文，也沒辦法背到那種程度」為由回絕了。

是枝　這樣啊。宋康昊也是我最想邀約的演員喔。那小田切讓[*9]先生怎麼樣呢？

樹木　我不討厭喔。不過，拍攝海報的時候，秋山先生說：「他是個討人厭的傢伙。」我問：「咦？哪裡？」他說：「有種……」應該是嫉妒吧？（笑）

是枝　因為很帥吧？還是因為看起來像在裝帥？

樹木　啊，可能是看起來像在裝帥吧。不過，他人很好，有種……對演戲充滿熱情的感覺，我覺得那點非常棒。

爆炸頭、菜刀與栗子

是枝　接下來我要請教關於《惡人》*10的問題。導演李相日*11先生是對每一個場景都非常執著的導演吧？排練好幾次，正式來也會拍好幾次的那種。

樹木　沒錯。

是枝　關於這點您怎麼看呢？

樹木　嗯……因為我的場次不多所以還能忍耐（笑）。

是枝　燙著捲髮的髮型和服裝是怎麼來的呢？

樹木　隨隨便便來的喔。因為太～常用了，所以我很想處理掉那個爆炸頭的假髮（笑）。定裝的時候我帶去現場，對導演說：「不好意思，我想戴這個爆炸頭的假髮……」導演回答我：「去（故事的場景長崎）出外景的時候，捕魚阿姨們大家都頂著爆炸頭。」「不禁會想大家都是在同一間美容院做的頭髮嗎，怎麼髮型都一樣。您戴那頂假髮沒問題喔！」導演這樣說（笑）。

是枝 那麼，這是您自己帶去的假髮囉？

樹木 沒錯。不過，連也哉子也生氣地說：「媽，你還在用那頂假髮嗎？不要再用了啦！」（笑）。

是枝 您在哪部作品用過呢？

樹木 小配角之類的用過好幾次。

是枝 關於服裝呀，您總是穿紫色系的衣服，那是希林女士自己選的嗎？

樹木 沒有，我沒有選。我只是穿我穿得下的服裝而已。

是枝 這樣啊。此外，您的背很圓耶，那是在衣服裡塞了什麼嗎？

樹木 嗯，沒塞東西沒辦法弄成那樣。

是枝 電影的場景設定在長崎，拍攝現場有方言指導嗎？

樹木 有的。

是枝 除了方言之外，為了表現當地特色，希林女士還會做些什麼事呢？

樹木 沒有特別做什麼耶……。印象中沒有。有什麼特別的地方嗎？

是枝 有。希林女士您本身是東京人，不是嗎？跟您談話也明顯聽得出來。

樹木 對啊。

是枝 不過，在這部作品裡，還有在《大誘拐 RAINBOW KIDS》*12裡，您都非常完美地扮演了當地人。

樹木 我從沒被那麼說過耶。

是枝 有什麼訣竅嗎？

樹木 沒有訣竅呀……。不過，剛進文學座的時候，倒是有被說過聽力很厲害。所以我不喜歡演關西腔的角色，因為我自己馬上就知道發音不同，說出台詞瞬間就想：「啊，不對，不是這樣。」

是枝 原來如此。

樹木 語調不一樣，而且關西腔和其他方言不同，會講的人一大堆，對吧。

是枝　那如果有關西腔的角色邀約您會拒絕嗎？

樹木　嗯。因為確實「做不到」而拒絕過許多邀約。主要是在這件事上不經意的即興演出完全無法發揮效果。

是枝　是您自己會事先察覺的意思吧？

樹木　沒錯，會事先察覺所以很討厭啊。

是枝　話題回到《惡人》上，這部作品裡沒有即興演出嗎？

樹木　好像沒有。雖然有「嗯哼」、「啊」之類的，但就僅止於那種程度而已。

是枝　我們一起實際來看看吧。這是我最喜歡的場景，飾演兒子的妻夫木聰*13先生與希林女士邊聊天邊吃飯。

◉惡人 ◉00:28:33～

祐一（妻夫木聰）和房枝（樹木）的家。祐一在被爐中吃著晚餐。從廚房端味噌湯過來的房枝坐下。房枝一面敘述當天警察來家裡的事，一面將用暖爐加熱過的液體倒入空的容器裡。房枝一口、兩口地喝著那個液體，邊繼續說從警察那裡聽來的殺人事件。祐一邊吃晚餐邊聽。

是枝　這裡希林女士將放在暖爐上的鍋子拿起來，將其中的液體倒入容器中，又放回暖爐上，對吧？

樹木　那個，你覺得裡面是什麼？

是枝　我不知道。桌上有另一個木碗，您攪拌著那個，所以我想應該是味噌湯。

樹木　沒錯。

是枝　那希林女士倒入的東西是什麼呢？

樹木　我的設定是藥。我自己有梅精之類的東西，將那個煎來喝的設定。好苦好討厭啊——，這種感覺。

是枝　從鍋子直接倒入容器裡，然後再放回去，那種感覺非常棒。

樹木　就是一種這個人的日常的感覺。

是枝　嗯，日常非常清楚地顯現出來。

樹木　像這樣，我會把自己家裡有的東西都拿來用。《東京鐵塔》也是，因為聊到隔天要動手術時，正在燙衣服的場景，我就想：沒有比燙衣服更有趣的事嗎？雖然不免嘀咕幹嘛讓人家做這種在別地方出現過的演出，但如果在現場直接說：「燙衣服這種事大家都在做不是嗎？」太幼稚了吧？（笑）所以我就用報紙把家裡已經變黑的菜刀包起來，將栗子連同鍋子一起帶去，剝栗子吃了。明明因為胃癌得動手術，卻還是無法克制想吃栗子的心情……。我總是會不小心做這類的事，當然也有失敗的經驗。曾經在戲劇裡用了寶特瓶，被說：「那個時代有寶特瓶嗎？」

是枝　（笑）《那年夏天，我、洋子還有老爸》*14，對吧？

樹木　就算收到劇本我也只會讀自己的部分，所以我不知道時代嘛。如果有誰能提醒我一下就好了（笑）。

是枝　我也想問有關妻夫木先生的事，一起演戲後的感覺如何呢？

樹木　感覺是個非常直率的演員，是個好青年。

是枝　所以把他當成《惡人》的主角來看，總覺得還是保有好人的部分……。

樹木　那是他天生的特質呀。是他與生俱來的東西，那沒辦法。不過他非常努力喔。被選為日本葛萊美獎最佳男主角的瞬間，哇地一聲哭了出來喔，那孩子。所以我想他一定是真的付出努力了呀……。

是枝　雖然確定是大獲好評的電影，我沒有立場說什麼，但我真的覺得，妻夫木先生非常擅長飾演像《猶瑟與虎魚們》*15一樣既溫柔又脆弱的角色。

樹木　他個性很好，完全不會讓人討厭，非常直率的人。所以舉例來說，我覺得像在《家族真命苦》*16中周遭的大家都手忙腳亂時，他自然地待在那裡會很不錯。他在豐田汽車的廣告中也飾演了變成大人的大雄，像那種角色就非常適合他呢。

是枝　我也這麼覺得。不過他應該還想在演員這個角色上更上層樓，那種上進的慾望非常強烈，希望他能加油，我打從心底這麼想。

樹木　這樣啊。嗯，希望他能加油。

抽掉骨頭，使身體變小

是枝　接下來是針對《記住我的母親》[*17]的問題。原田真人[*18]導演的作品您連續演出《記住我的母親》及《投靠女與出走男》[*19]，是因為一起合作後覺得很有趣嗎？

樹木　原田先生讓人感覺非常好，他不會手忙腳亂自亂陣腳，不管情況怎麼變化，他的應對都非常得宜。

是枝　應對得宜具體來說是怎麼樣的狀況呢？

樹木　例如有一次在輕井澤拍戲，一場原本設定盛夏的戲卻下起了大雪。他還是說：「要拍了喔～」雖然工作人員們很辛苦，但最後劇本就改寫成雪中的場景了。所有事情都像那樣。船要出海的場景也是，拍攝當天突然大雨傾盆，他馬上就調度來一大堆的傘。多虧了那些傘，反而使畫面更加豐富了。

是枝　是對情況的判斷很迅速嗎？

樹木　不僅迅速，結果也都很好喔。

是枝　在這部作品中，希林女士在電影時間推進的同時，似乎也逐漸「老去」。那演出非常出神入化，希林女士漸漸地愈變愈小，對不對？

樹木　嗯。那是我刻意演的。

是枝　怎麼做到的？

樹木　把我自己的身體變小了。像是坐著的時候，年輕時會將背挺直，但接著身體漸漸愈變愈小，最後變成臉跟胸幾乎貼在一起，脖子會變不見。

是枝　確實在劇中是如此。駝背的部分我雖然懂，不過在戲裡脖子的位置也明顯不一樣，但上了年紀就是這樣，對吧？

樹木　沒錯沒錯。

是枝　愈是演技不好的人愈會駝背，因為想要明確地表達出「老了」的感覺。

樹木　或是在臉上畫皺紋之類的。

是枝　我覺得希林女士的演出設計跟那種東西不一樣。

樹木　我把骨頭抽掉了。

是枝　骨頭嗎？這種把骨頭抽掉的感覺是從哪裡學來的呢？

樹木　《寺內貫太郎一家》裡我不是飾演寺內琴老婆婆嗎？然後現場出現了真正的老爺爺，飾演岩先生角色的伴淳三郎*20先生。（演主角貫太郎的）小林亞星*20先生當時四十多歲，（演貫太郎妻子的）加藤治子女士是個大美人。不過，伴淳先生卻是個貨真價實的老爺爺，我必須要和他對戲。

是枝 很辛苦吧？

樹木 「小琴喲～」「幹嘛呀？小岩」即使只有聲音和表情，也是像這樣兩個人對戲。所以我就把重心一直往下放，努力將腰到褲檔的部分拉長，使腿變短。為了正坐時讓觀眾看不出來，我穿了有點寬鬆的衣物。拜服裝之賜，整體看起來縮小了許多。我想沒有其他方法了。

是枝 看著伴淳先生的樣子，將他的體型學起來，是嗎？

樹木 應該是看了許許多多的老人吧。

是枝 在《記住我的母親》後半，有一幕是您和飾演女兒的木村綠子*22小姐兩個人坐在走廊的畫面，那個坐姿令人非常佩服。

◉ 記住我的母親 ◉ 01:45:43 ~
湯島的八重（樹木）的家。走廊。在秋日的陽光中，八重跪坐在座墊上。女兒志賀子（木村綠子）伴坐在旁。八重嘴裡塞滿了某種食物，以平穩的表情望著庭院。

是枝 這裡，希林女士身形很小，對吧？
樹木 確實非常小。這是把腰的重心盡量往下放，讓身體的厚度都往旁邊延展了。
是枝 說起來很簡單，但一般人應該做不到吧。
樹木 大概是我身體的某個部分很柔軟吧。我沒辦法做那種困難的體操喔。但是說不定身體很柔軟。
是枝 您會看著鏡子研究嗎？
樹木 我不會做那種事。
是枝 不過骨頭拿掉了，對吧？

樹木　嗯，感覺像拿掉了一樣，雖然實際上沒有拿掉。

是枝　我在筆記上寫：「幾乎覺得是用電腦後製來的。」（笑）另外我覺得這和《寺內貫太郎一家》裡老態的演法又有點不同。

樹木　在《寺內貫太郎一家》裡，我刻意演得有點像動畫。不過幸虧在久世先生的電視劇中演過老婆婆，所以能馬上演出來，真是賺到了呢。

是枝　除了拿掉骨頭之外，像是嘴巴周遭的動作您也有刻意改變，對吧？您讓嘴巴旁的肌肉放鬆下來了，對嗎？

樹木　沒錯。

是枝　希林女士實際這麼做之後，就非常能理解：「原來老人這裡會變得鬆弛呀，」但是如果希林女士沒有這麼做的話，很難發現這件事。在吃東西的時候嘴巴周遭的肌肉會鬆弛無力，這是您觀察後學起來的嗎？

樹木　對呀。走在街上就會看到那樣的老人，不是嗎？我就想我希望自己可以變成那樣。在《橫山家之味》裡我也這麼做了。那時有一部分的牙齒是假牙，我問導演：「我可以拔下來洗嗎？」結果導演回說：「那也得演裝回去喔。」正常來說，女演員不會做這種事吧（笑）。

是枝　那部分真的非常精采。接下來我們看看希林女士發飆的畫面。

◉記住我的母親　◉01:22:40～

東京的洪作（役所廣司）的家。屋內媽媽八重（樹木）正在發飆。妻子美津（赤間麻里子）、次女紀子（菊池亞希子）、三女兒琴子（宮崎葵）、女傭貞代（真野惠里菜）想辦法阻攔。但是八重停不下來。洪作從書房走出來後，八重突然安靜了。

樹木　這裡，其實原本是兒子（役所廣司＊23）的妻子要安撫我讓我冷靜下來的一幕，但是她完全沒辦法安撫我，因為她只是摸摸我的手臂而已啊。我還有怒喊：「摸什麼摸啊！」的印象。

是枝　飾演老人的時候，您會考慮到動作速度的問題嗎？

樹木　這個嘛，我不會想因為是老人所以動作要慢一點。這個場景也是，第一次試拍的時候，大家都沒能阻止我。

是枝　正常來說應該會把力氣減弱、動作放小吧？

樹木　沒錯沒錯。

是枝　但是希林女士不那麼做。

樹木　嗯，不做。這一幕也是，導演說：「好好阻止她啦，」但是沒人能減弱我的氣勢。因為以角色的感情來說這裡是拚了命的呀。然後由於兒子的妻子沒辦法安撫我……。

是枝　所以變成役所先生出來嗎？

樹木　對，他說：「我來。」所以役所先生一出來，唰地情緒收斂了起來，才改成這樣我自己也能接受的演出。

是枝　原來如此。

樹木　那是從感覺上就可以得知的，被兒子抓住的瞬間就知道自己沒辦法抵抗，我就是像這樣用「身體」反應的。

是枝　最後一起來看看役所先生背著希林女士的畫面吧。

◉記住我的母親　◉01:44:44～

沼津的海。黎明的沙灘。洪作（役所廣司）背著母親八重（樹木）站著。光著腳捲起褲管的洪作，背著八重朝海邊走去。洪作向背上的八重搭話。八重抓著洪作的肩膀，將臉靠在洪作背上聽他說話。

是枝　這裡也是，希林女士非常嬌小，看起來很輕盈地被背著。

樹木　真的很嬌小呢。不過其實役所先生沒什麼力氣，沒辦法把我抱起來，所以我是站在一個台子上，從那裡被背起來，然後稍微地被背著的。

是枝　役所先生是個怎麼樣的演員呢？

樹木　非常優秀。沒有任何多餘的東西。

是枝　多餘的東西是指？

樹木　不會想要靠多餘的演技讓人留下印象。

是枝　我看役所先生不管什麼演出都覺得非常厲害。明明在塑造角色的時候沒有什麼變化，但是出現的瞬間……。

樹木　完全變成另一個人。

是枝　對，看起來像是另一個人。您覺得那是為什麼呢？

樹木　因為他不依靠外型的變化吧。

是枝　咻地出現的瞬間，看起來既像是個知識分子，又像是個鄉下老百姓。

樹木　那果然還是心境上的改變，不是嗎？

是枝　只改變了心境，和模仿完全相反呢。

樹木　沒錯。他會化身成那個角色，某種程度上來說 Lily 先生也有這種特質呢。

台詞要邊動邊說

是枝　接下來我想一起看的是我的作品《橫山家之味》。希林女士在服裝上加了蕾絲的領子，那是您初次定裝時自己帶來的吧？您還記得嗎？

樹木　嗯，我記得。

是枝　您想讓這個角色加上蕾絲的領子，是讀完劇本後馬上想到的嗎？

樹木　嗯，馬上。因為在家裡用不上，所以得要找能用到它的地方。

是枝　跟《惡人》裡的假髮一樣呢（笑）。

樹木　那也是一個原因啦，不過服裝只是普通的夏天連身裙，對吧？雖然那是為我量身定做的，但因為這是醫生娘的角色，我就想有沒有年輕時的興趣之類的東西呢。而且因為那是兩天內發生的故事，所以也不會換衣服，不是嗎？所以我才說：「請讓我加上蕾絲。」那個領子，原來是白色的，是我上色的喔。有沒有加蕾絲確實有影響呢，應該說多少能看出那個家庭和人物

的背景。

是枝　對，那真的非常棒。接下來一起看看希林女士夜晚在廚房一面編織蕾絲，一面說出最關鍵的台詞：「才十年就淡忘，太便宜他了。」的地方吧。

> **◉橫山家之味　◉01:14:36～**
>
> 橫山家廚房。晚上。淑子（樹木）坐在餐桌旁編織東西。為了抽菸而向換氣扇走過來的良多（阿部寬）。兩個人開始對話。

是枝　您在此處要邊織蕾絲邊說台詞，是和要在服裝上加上蕾絲同時想到的嗎？

樹木　沒有，應該是現場擺了編織的道具吧。

是枝　啊，確實可能放在那裡了。您是先看到道具才這麼想的嗎？

樹木　對呀。我沒有厲害到能想到要這麼做，不過，要講出那麼強烈的台詞，我想要邊做些什麼事邊說。

是枝　我記得您當時有說：「我想讓手有事做。」在這個場景中出現一個希林女士演技精湛的地方。

◉ **橫山家之味　◉ 01:15:24～**

橫山家廚房。晚上。良多從胸前的口袋掏出一萬元鈔票，遞給正在編織的淑子。淑子邊說著「真開心啊！」、「那我就不客氣了」邊伸出兩手收下。「要拿來買什麼呢？」淑子邊這麼說著，邊做出力士獲獎時的手刀手勢。淑子開始聊起相撲選手的話題。

是枝　這個相撲選手的手勢是希林女士的即興演出。

樹木　對，是那樣沒錯。

是枝　劇本上雖然寫著從這裡開始聊相撲選手的話題，但確實會有點突兀。藉由希林女士加入這個手勢的演出，使得劇情連接得非常流暢。

樹木　原來如此，我完全沒有注意到這點。

是枝　這是我在劇本上沒能寫出來的東西，因此在現場看到希林女士做出這個動作時，心裡十分佩服，您出色地將我劇本的缺點給掩飾過去了。我們就這樣繼續觀看一小段吧。

◉ 橫山家之味 ◉ 01:18:12 ~

橫山家廚房。晚上。聽見丈夫（原田芳雄）洗完澡走出浴室的聲音，淑子勸良多和孫子一起去洗澡。停下編織的手，邊叫著媳婦由佳里（夏川結衣）的名字邊站起來，一面抱怨丈夫，一面將水倒進杯子裡、從櫥櫃上拿出丈夫的藥放在托盤上。對來到廚房的由佳里說讓孫子去洗澡後，為了拿良多的睡衣而走出廚房。

是枝 我很喜歡像這樣邊行動邊說台詞的地方。

樹木 啊……因為這樣的演出很少見吧。

是枝 況且還是碎碎唸地一直說著。雖然劇本上是有台詞，卻沒有說要這麼做。

樹木 因為那是在說爸爸的壞話，我刻意把壞話說得比較含糊。

是枝　邊叫著媳婦的名字「由佳里～」，邊準備泡澡的東西和丈夫的藥，然後邊說丈夫的壞話，同時做各種不同的事，媽媽真的就是這樣子。雖然剛說完沉重的台詞，但馬上回到日常生活裡來，母親的動作和情感都瞬間動了起來。您非常擅長將兩者間轉換的感覺表現出來。

樹木　原來如此。平幹二朗[*24]先生曾對我說：「我看過《橫山家之味》了，那種演技我做不出來喔！」那真的令人非常開心。

是枝　最後再一起看一個片段吧。這是在電影的結尾，原田芳雄先生和希林女士在公車站送走兒子一家人之後，爬上坡道的場景。

> **◉ 橫山家之味　◉ 01:45:28～**
>
> 從公車站牌往橫山家走的坡道。兒子一家人搭的公車開走後，恭平（原田芳雄）往上坡走去。像在後方追著丈夫般，淑子（樹木）隔了一段距離也跟著走上坡道。

是枝　在拍這幕時，看著希林女士，我不禁想：「跟杉村春子女士的走路方式好像。」

樹木 啊，是這樣嗎？

是枝 非常直觀地想：「啊，是杉村春子！」

樹木 應該是我穿的連身裙讓你聯想到《東京物語》[*25]的杉村女士吧。

是枝 穿的衣服也會有影響嗎……？不過，最近我重看佐久間良子[*26]女士的《湖之琴》[*27]，從第一幕開始希林女士就和佐久間女士一起出現，兩個人一起往取蠶絲的地方走去。那個走路方式真的就是杉村女士喔。

樹木 穿上和服後，大家走起路來都會變成那樣啦。

是枝 不，才不會都變成那樣喔（笑）。

樹木 太地喜和子[*28]女士和小川真由美[*29]女士也都會變成那樣。

是枝 真的嗎？都會變成杉村春子嗎？

樹木 會變喔！文學座的女演員都會變那樣。

是枝 為什麼會變那樣呢？

樹木　穿上和服後……啊，不過我穿連身裙也變那樣了呢（笑）。

是枝　我覺得好像是膝蓋附近的出力方法和平常不太一樣，不對，可能是腰吧。

樹木　（稍微垂下單邊的肩膀）「嘿，你啊，」只是這樣也可以變成杉村女士喔！只要運用某種垂肩方式就可以變得像她了，很神奇。……不對，我知道了！以日本人來說，杉村女士的腰身位置非常高，我也是。那和腿長又有點不一樣，所以和服非常難穿，圓筒狀的身形如果太長的話可以收進去，但是整體就會被往上提。

是枝　可能是因為那樣，所以走路的樣子看起來特別輕盈。

樹木　原來如此啊，你注意到了很無聊的地方呢。

是枝　可能是很無聊的地方（笑），但我一直很想知道原因。因為很明顯只有希林女士走起路來特別不一樣。

樹木　是這樣嗎？我下次來仔細看看好了。話說回來，對於這部電影（製片人）

安田（匡裕）先生怎麼說呢？

是枝　安田先生非常喜歡《橫山家之味》。應該是我所有作品中最喜歡的一部。不過，票房成績卻不是很理想。

樹木　就是說呀。

是枝　雖然票房不理想，但有一回我們兩個人去吃飯，安田先生送了我一個手錶，或許是為了安慰我吧。在蕎麥麵店的吧檯，他將卡地亞的錶拿給我說：「這是別人送我的，我用不到，送給你。」後來才聽說，那好像是他特地去買的。那時，他對我說：「拍出這樣的電影，真的非常謝謝你呀！」

樹木　哎呀，這樣啊，受到稱讚了呀，那我就稍微放心了。

略帶緊張的與希林女士初見面後的一個月，《橫山家之味》的劇本完成了，七月六日，我請阿部寬先生、夏川結衣*30小姐、ＹＯＵ小

姐、原田芳雄[*31]先生、希林女士齊聚一堂一起讀劇本。

順道一提，事後聽說在讀劇本之前，阿部寬先生打電話給夏川小姐，擔心地說：「我有點無法掌握，這個劇本要怎麼演得有趣……。」不過我覺得那樣的距離感恰到好處，正是那樣的距離感才能表現出受到飾演母親的希林女士、父親、姐姐、妻子和兒子擺布的良多的滑稽之處。

讀完劇本後，希林女士在大家面前發表感想：「真是部好劇本呀，太有趣了。」原田先生也附和道：「對呀……」真叫人開心。此外，原田先生扮演的父親在卡拉OK唱谷村新司[*32]的〈昴〉這件事，被妻子（希林女士）開玩笑地說是在「唱演歌」那一幕，原田先生自言自語低聲說：「〈昴〉不算是演歌吧……」大家起鬨著：「不然那算是什麼？流行歌嗎？」場面十分熱鬧。看到那一幕後，我在下一版的劇本加上了原田先生反駁的台詞：「〈昴〉才不是演歌呢……」

定下七月十七日舉辦開鏡祈福儀式，十九日正式開拍後，大家開始緊鑼密鼓地準備。在希林女士飾演的母親做料理的場景中，炸玉米粒天婦羅和我的回憶緊密相連，是我很重視的一個場景，因此決定進行彩排。話雖如此，但要怎麼把玉米粒取下來呢？油溫要幾度呢？一百八十度還是兩百度呢？麵衣的量要多少？油溫和麵衣量的組合一改變，鍋中的玉米粒就會發出巨大的聲響彈飛出來，廚房周遭變得像爆炸現場一樣。於是出現「這個讓演員來做太危險了」的聲音，甚至還有工作人員說：「導演的母親以前真的是這樣炸的嗎？」忍不住懷疑我的記憶。當我苦思：「該怎麼做呢？」、「沒有更安全的做法嗎？」時，耳聞這件事的希林女士過來說：

「我沒關係喔！如果臉燙傷了，我就演臉上有燙傷疤痕的角色就好，不用擔心。」

因為這句話，工作人員安下心來進行拍攝，最後終於平安完成彩排。當下我真的深受希林女士的幽默及話語的智慧感動。

在準備的過程中，希林女士提出了在黑澤和子*33小姐準備的服裝領口加上自己編織的蕾絲，以及在浴室的場景拿下假牙清洗的點子。劇本上寫著，像小時候一樣對長大的兒子說「你啊，牙齒沒問題嗎？給我看一下」而被嫌棄的場景，大概是從那裡得到靈感（母親戴假牙的話這個台詞會更有說服力）的吧。

就像這樣，希林女士提出的點子總是乍看很古怪，但其實非常合理、從高處俯瞰般思考整部劇本，和劇本裡的某個場景、或某句台詞串連在一起的。我知道在完全不進入狀況的情形下同意或是拒絕她的提議，就會被當成不可信任的導演，所以我總是自我警惕：「真的時刻不得鬆懈啊……」

《橫山家之味》的拍攝是在盛夏，一走出東寶攝影棚，就會迎來一股要把人煮熟的熱氣，吃完午餐後，工作人員總習慣聚在一起玩輸了的人要請大家吃冰的「冰棒猜拳」。

參加的人一天比一天多。雖然是認真的比賽，但如果最年輕的助手輸了，剛好路過的製片人就會被強拉去與助手再比一場，想辦法讓製片人出錢請客，這樣大家心裡才痛快。戲拍完一半之後，夏川小姐、阿部先生、YOU小姐也加入這場「大會」，使得氣氛更活絡了。

在拍攝現場，阿部先生非常細心，只要排放在點心區的零食一減少，他就會跟經紀人說：「我想吃冰的東西，幫我準備一下那個果凍。」（那時吃到的番茄果凍真的美味極了。）或是「大家都累了，吃點甜的應該不錯。就買Mister Donut吧！嗯……形狀像這樣，有嚼勁的那種十個，裡面有奶油的那種五個……」用心下達鉅細靡遺的指令，很令人感動，特別是身材高大的阿部先生在意如此細微小事所呈現的反差

安田先生十分喜歡的照片。

非常有趣，我一直想著哪天再找阿部先生拍戲時，要把這個寫進台詞裡。

希林女士也很享受那段工作人員和演員和樂融融的時光，在拍攝接近尾聲的某天，希林女士提議：「我不擅長帶零食點心之類的，所以我請大夥吃頓晚餐吧！」由於機會難得，就選了大家最喜愛的敘敘苑外送便當。剛好那天有花火大會，於是所有人一起登上東寶大樓頂樓，邊看花火邊吃美味的燒肉便當，回想起來一切都還像昨天一般清晰。

順道一提，希林女士訪談中最後提到的安田先生，是與相米慎二*34導演一起製作《搬家》*35、《歡迎來到東京上空》*36等片的製片人，是從我出道以來就如父親般一直照顧我的恩人。希林女士非常信任安田先生，或是該說喜歡捉弄他，每次見到安田先生時都會真切地嘀咕：「你啊，有時候眼神真的很黯淡耶……」不久後演變成每次見到安田先生就會小聲唱起內藤康子[*37]的名曲〈兄弟〉裡的歌詞。

♪黯淡～用黯淡的眼神一意孤行～

因為業內，沒有人會像這樣欺負安田先生，所以他也非常開心的樣子。

那樣的安田先生已經去世十年了。在廣尾的蕎麥麵店收到的手錶，我現在只有在坎城或威尼斯影展那種特別的場合才會戴上。

註

＊1　《課外授業　歡迎前輩》

NHK於一九九八～二〇一六年播出的教養節目。是枝參與於二〇一四年十二月二十六日播出的「透過相機與世界相遇」。

＊2　吉永小百合

演員、歌手。一九四五年生於東京。一九五九年，以電影《呼喚清晨的口哨》出道。代表作衆多，有《化鐵爐林立的街》、《凝視愛與死》、《青春之門》、《阿嫻》、《天國的車站》、《華之亂》、《長崎漫步曲》、《北之零年》、《母親》、《弟弟》、《不可思議的海岸物語》等。吉永於其主演的連續劇《母親的味道》（一九七〇年）中首次與樹木同台，自此之後，變成會一起去吃飯的親密朋友。另外在電影《夢千代日記》（一九八五年）中，社會派的浦山桐郎導演要求將吉永臨終之際的台詞「原爆好可怕」改成「我恨原爆」，吉永不同意，直言「那樣不對」。與吉永合作的樹木眼見吉永堅持的態度，事後說「我認可小百合女士」。

＊3　Lily Franky

插畫家、作家、演員。一九六三年生於福岡縣。描寫自己母親的小說《東京鐵塔：老媽和我，有時還有老爸》（二〇〇五年出版）賣出超過兩百萬本，成爲超級暢銷著作。二〇〇八年首次主演電影《周圍的事》，並演出了《我的意外爸爸》、《海街日記》、《比海還深》、《小偷家族》等是枝的作品。

＊4　單集連續劇

富士電視台於二〇〇六年十一月十八日播出。導演久世光彥拔擢了主角大泉洋，亦向田中裕子、加藤治子、小林薰、樹木等人提出演出邀約。但於即將開拍的二〇〇六年三月突然去世。於是重新任用導演，以尊重久世意願的方式繼續製作。隔年於富士電視台以連續劇的方式播出。

＊5　笠松則通

電影導演。一九五七年生於愛知縣。日本大學藝術學部電影學科畢業。代表作有《不要口出狂言》、《淺水金魚》、《閃亮的人生》、《水中八月》、《臉》、《亡國神盾艦》、

《座頭市THE LAST》、《大鹿村騷動記》、《殺無赦》、《怒》等。

＊6　松岡錠司

電影導演。一九六一年生於愛知縣。日本大學藝術學部電影學科畢業。於一九九〇年的《淺水金魚》首次擔任導演出道。代表作有《閃亮的人生》、《廁所裡的花子》、《美好年代》、《莎喲娜拉！小黑》、《歡喜之歌》、《深夜食堂》等。

＊7　秋山道男

編輯、製片人、創意總監。一九四八年生於千葉縣。十九歲進入若松孝二的「若松製作」工作，擔任劇本、音樂、海報的製作及副導演。亦以「秋山未知污」之名演出若松導演的作品。一九七八年，成立事務所「秋山計畫」（後改稱非常情節公司）。於雜誌編輯、單行本裝訂、無印良品整體企畫、The Checkers樂團、小泉今日子的綜合企畫等領域皆表現活躍。二〇一八年過世。

＊8　宋康昊

演員。一九六七年生於南韓。慶尚專門大學演藝科中輟後入伍。一九九六年以電影《豬墮井的那天》出道。一九九九年的《魚》大獲好評，成爲代表韓國的實力派演員。代表作有《JSA安全地帶》、《殺人回憶》、《總統的理髮師》、《駭人怪物》、《密陽》、《饑渴誘罪》、《狼嚎》、《末日列車》、《正義辯護人》、《密探》、《我只是個計程車司機》、《毒梟》、《寄生上流》等。

＊9　小田切讓

演員。一九七六年生於岡山縣。原於加州州立大學弗雷斯諾分校主修戲劇學，之後休學。一九九九年，以舞台劇《DREAM OF PASSION》出道。二〇〇三年，在電影《光明的未來》中首次擔綱主演。代表作有《血與骨》、《彩虹下的幸福》、《搖晃》、《轉轉》、《草食男的幸福》、《藤田嗣治與乳白色的裸女》、《愛情，突如其來》、《埃內斯托》，並演出《空氣人形》、《奇蹟》等是枝的作品。

＊10　《惡人》

吉田修一的同名小說，李相日導演將其拍成電影。二〇一〇年上映。

＊11　李相日

電影導演。一九七四年生於新潟縣。神奈川大學經濟學部畢業後，進入日本電影學校（現日本電影大學）就讀。畢業作品於皮亞電影節，史無前例地獨得含評審團大獎在內的四大獎項。而後以自由副導演身分活躍業界，並以《BORDER LINE》出道。代表作有《69》、《天堂失格》、《扶桑花女孩》、《惡人》、《殺無赦》等。

＊12 《大誘拐 RAINBOW KIDS》

岡本喜八導演將天藤真小說《大誘拐》拍成電影，一九九一年上映。

＊13 妻夫木聰

演員。一九八〇年生於福岡縣。高中時代即以讀者模特兒身分大受歡迎。一九九八年，於電視劇《閃亮的日子》出道，並在同年上映的電影《謎之轉校生》中首次擔任電影主角。代表作有《水男孩》、《猶瑟與虎魚們》、《春之雪》、《惡人》、《革命青春》、《東京家族》、《刺客聶隱娘》、《家人眞命苦》、《怒》、《愚行錄》等。於野田秀樹的舞台劇中亦表現活躍。

＊14 《那年夏天，我、洋子還有老爸》

由根岸吉太郎導演將長嶋有的同名小說拍成電影，二〇〇七年上映。

＊15 《猶瑟與虎魚們》

由犬童一心導演將田邊聖子同名短篇小說拍成電影，二〇〇三年上映。

＊16 《家族眞命苦》

山田洋次導演的電影，於二〇一六年上映。爲繼《男人眞命苦　寅次郎紅之花》後，時隔二十一年的喜劇電影。二部曲於二〇一七年、三部曲於二〇一八年上映。

＊17 《記住我的母親》

由原田眞人導演將井上靖同名小說拍成電影，二〇一二年上映。

＊18 原田眞人

電影評論家、電影導演、編劇。一九四九年生於靜岡縣。在洛杉磯磨練電影導演的經驗，一九七九年以《再見電影之友：印度的夏天》出道。代表作有《澀谷24小時》、《突入！淺間山莊事件》、《超越巔峰》、《記住我的母親》、《投靠女與出走男》、《日本最漫長的一天》、《檢察方的罪人》等。

＊19　《投靠女與出走男》

原田眞人導演以井上廈的小說《東慶寺花信》爲原型所拍的電影，二〇一五年上映。

＊20　伴淳三郎

喜劇演員、演員。一九〇八年生於山形縣。一九二七年成爲日活大將軍攝影所的配角演員。一九五一年加入新東寶。於《哎呀天國》中擔任主角，自此以「伴淳」的名號爲人熟知（譯者註：其名原爲伴　淳三郎）。一九五八年開始，與森繁久彌、Frankie 堺共同演出的《站前系列》大獲好評。除了是個出色的喜劇演員之外，一九六五年於《飢餓海峽》飾演的老刑警展現了精湛演技，於每日電影獎中榮獲男配角獎。一九八一年過世。

＊21　小林亞星

作曲家、演員、藝人。一九三二年生於東京。慶應義塾大學經濟學部畢業後，師從音樂家服部正。有衆多受歡迎的作品，如 RENOWN 公司的《萬千女孩》、日立集團的《日立之樹》、明治製菓的《切爾西的歌》等廣告曲，《魔法使莎莉的歌》、《甜蜜小天使》等動畫主題曲。一九七四年，於《寺內貫太郎一家》中以演員身分出道。貫太郎的原型爲向田邦子的父親，導演久世光彥會向毫無演出經驗的作曲家小林提出邀約，是因先前遭到高木胖與 Frankie 堺拒絕之故。小林本來一頭長髮，在TBS的美容院剃成光頭，看到那個模樣的向田答應讓其出演，使他難以拒絕。貫太郎在劇中設定爲五十一歲，而小林當時年僅四十一歲。

＊22　木村綠子

演員。一九六一年生於兵庫縣。一九八四年加入牧野望（不久後兩人結婚）成立的劇團「M.O.P.」，至二〇一〇年解散爲止爲其代表性女演員，表現十分活躍。二〇〇〇年左右亦開始參與電視連續劇及電影的演出。演出是枝作品《海街日記》中的護理長。

＊23　役所廣司

演員。一九五六年生於長崎縣。進入無名塾之後，一九八〇年以

NHK晨間劇《小夏的照相館》出道。於NHK的《德川家康》、《宮本武藏》等時代劇中受到注目。一九九六年上映的主演電影《談談情跳跳舞》大獲好評。電影代表作有《蒲公英》、《沉睡的男人》、《鰻魚》、《CURE》、《人造天堂》、《藝伎回憶錄》、《叫魂》、《火線交錯》、《十三刺客》、《記住我的母親》、《渴望》、《蟬之記》、《孤狼之血》等。曾演出是枝作品《第三次殺人》，之所以促成這次演出，是因爲電影上映前一年，役所寄給是枝的賀年卡上寫了「時機差不多了呢」這句話。

＊24　平幹二朗

演員、導演。一九三三年生於廣島縣。一九五六年加入文學座。演出《四谷怪談》、《浮士德》等舞台劇。一九六三年成爲電視連續劇《武林三殺手》班底。一九六八年成爲自由演員，擔任淺利慶太、蜷川幸雄的舞台劇主角。於NHK的大河劇亦多次擔任主角，爲代表日本的名演員之一。二〇一六年過世。

＊25　《東京物語》

小津安二郎導演一九五三年上映的電影。長男、長女因生活繁忙無法照顧由尾道上京的年邁雙親，唯一理會兩老的是戰死的次男之妻——紀子。主演者爲笠智衆、原節子，杉村春子飾演長女。

＊26　佐久間良子

演員。一九三九年生於東京。一九五八年以電影《苦悶的青春》的配角出道，是東映東京攝影所寄予厚望的明日之星，深受歡迎。代表作有電影《人生劇場飛車角》、《五番町夕霧樓》、《越後筒石親不知》、《我們的鬥爭》、連續劇《女太閤記》等。

＊27　《湖之琴》

由田坂具隆導演將水上勉同名小說拍成電影，一九六六年上映。

＊28　太地喜和子

演員。一九四三年生於東京。一九五九年通過東映新人採用計畫第六期。一九六三年離開東映加入俳優座劇團。受到杉村春子於《慾望街車》中的演技衝擊，一九六七年加入文學座。同年，主演電影《吃花的蟲》。電影代表作有《草野中的黑貓》、《男人眞命苦　寅次郎再見夕陽》、《火祭》等。一九九二年，因車禍意外過世。

＊29　小川眞由美

演員。一九三九年生於東京。一九六一年進入文學座附屬研究所。同期有樹木、岸田森等人。一九六三年以電影《母親》出道。一九七一年離開文學座。代表作有電影《兩隻母狗》、《女人的一生》、《鬼畜》、《沒有餐桌的家》等，連續劇《孤獨的賭注》、《女鼠小僧系列》、《AIFUL大作戰》、《華麗一族》等。

＊30　夏川結衣

演員。一九六八年生於熊本縣。曾當過模特兒，一九九二年於連續劇《壯志驕陽》出道。代表作有電影《長夜將至》、《我們曾經喜歡的事》、《村裡的微風》、《孤高的手術刀》、《東京家族》、《家族眞命苦》、《64：史上最凶惡綁架撕票事件》等，連續劇《青鳥》、《結婚前夜》、《鬼鄰居》、《八百善的人們》、《87%～我的五年生存率》、《熟男不結婚》、《首席銷售員》、《遲來的雨》、《幸福的黃手帕》等。是枝的作品則演出了《這麼……遠，那麼近》、《花之武者》、《橫山家之味》、《奇蹟》。

＊31　原田芳雄

演員。一九四〇年生於東京。俳優座養成所畢業。一九六七年於電視連續劇《天下的青年》出道，隔年首次演出電影《聽見復仇之歌》。以其令人無法忽視的存在感及實力派演技博得好評。代表作有電影《龍馬暗殺》、《祭典的準備》、《流浪者之歌》、《鬼火》、《大鹿村騷動記》等，連續劇《第五個刑警》、《獨眼龍政宗》、《砂之器》等。是枝的作品則演出了《花之武者》、《橫山家之味》、《奇蹟》。二〇一一年過世。

＊32　谷村新司的〈昂〉

一九八〇年發行的谷村新司單曲。被用在Nikka威士忌「超級Nikka」的廣告曲，創下帶領民謠團體「Alice」的谷村擔任獨唱生涯最佳紀錄，賣出六十萬張的暢銷作。是枝於《橫山家之味》的劇本研究中得到醫生喜歡在卡拉ＯＫ唱〈昂〉和〈My Way〉的結論，而從中選了〈昂〉。

＊33　黑澤和子

服裝設計師、散文家。一九五四年生於東京。黑澤明導演的長女。從SUN設計研究所、伊東衣服研究所設計科畢業後前往義大利。因母親過世返國，到黑澤製作公司幫忙。一九八八年，於黑澤明的電影《夢》中參與服裝設計。代表作有《八月狂想曲》、《一代鮮師》、《黑之雨》、《黃昏清兵衛》、《盲劍客》、《博士熱愛的算式》、《極惡非道系列》、《清須會議》、《假面飯店》等。是枝作品中則擔任了《花之武者》、《橫山家之味》、《我的意外爸爸》、《比海還深》、《第三次殺人》等的服裝設計。以《小偷家族》中的服裝設計獲得藝術選獎文部科學大臣獎電影部門獎。

＊34　相米慎二

電影導演。一九四八年生於岩手縣。一九七二年於中央大學法學部中途退學，以契約副導演的身分進入日活攝影所。一九八〇年，於藥師丸博子主演的《飛翔的情侶》中首次擔任導演。隔年，《水手服與機關槍》成爲賣座電影。一九八二年與長谷川和彥、根岸吉太郎等九位年輕導演共同成立企畫製作公司「Director's Company」。代表作有《半途而廢的騎士》、《颱風俱樂部》、《雪的斷章　情熱》、《搬家》、《春季來的人》、《風花》等。二〇〇一年過世。

＊35　《搬家》

Hiko田中同名小說，由相米慎二導演改拍成電影，一九九三年上映。爲田畑智子的出道作品。

＊36　《歡迎來到東京上空》

相米慎二導演執導，一九九〇年上映的電影。爲牧瀨里穗的出道作品。

＊37　內藤康子的〈兄弟〉

一九七五年發行，爲內藤康子的出道單曲。賣出六十五萬張。

第 4 章

飾演平凡人

2016 年 3 月 14 日

於南青山／ IINO 攝影棚

《比海還深》的個人失敗

是枝 拿《比海還深》第一稿給希林女士，是您邀我到一間名為小川軒的餐廳吃午餐時的事。當下我同時提出了《海街日記》的邀約，您馬上答應：「這種角色的話我演。」但是，《比海還深》您則是拿回去考慮了一陣子後回答：「這個我有點沒辦法。」拒絕了我一次。

樹木 雖然劇本裡完整地呈現了只有是枝先生才能描繪出來的影像世界，但是我腦中瞬間浮現「這個角色的話就算不是我，大概同年紀的人都能演」、「如果因為我接了，害其他人沒辦法演的話就不太好意思」等各式各樣的想法，再加上拍攝時間與其他電影重疊，因此就將劇本拿去還你了。

是枝 然後我說：「不行不行，這樣我很困擾，」於是第一稿在我們之間來回推託了大約一個小時（笑）。

樹木　實在看不到盡頭，最後我認輸了，因為我是個急性子。

是枝　因為我心裡抱著非希林女士不拍的想法，雖然我也理解希林女士在擔心什麼。

樹木　你覺得我在擔心什麼？

是枝　您擔心：「觀眾會想看這個嗎？」、「我知道這個角色很適合我，也知道導演想要拍這個的心情，但觀眾會想看嗎？」還有您也擔心：「不知道我能不能為這部作品添加新意。」

樹木　沒錯。接拍《橫山家之味》時雖然一方面是抱著助人之心，不過劇中的角色設定是自己的兒子過世，心裡背負著那種無可奈何的悲傷。但是這次的角色出乎意料地沒有背負任何包袱。

是枝　當時您說了「對演員來說毫無頭緒」、「沒有成就感」。不過，正因為這樣我才希望希林女士來演。

樹木　這種事很常見。在選角的時候說「這個角色由平凡無奇的人來演最好」。但實際上把人找來了，真的只要「平凡無奇」嗎？明明還需要具備「平凡無奇的人的魅力」才行。此外，比如說放蕩不羈的男性角色。有個對這個女人搖擺不定，對那個女人也猶疑再三的人，於是說：「這個人很適合，對吧？他是個散漫又優柔寡斷的人喔！」這樣的演員看起來只要做自己就好，但在電影中能不能讓那個角色變得有魅力又是另外一回事了。正因為如此所以選角才常常會失敗啊。把「平凡無奇的角色」演得有魅力是一件很難的事。

是枝　那《比海還深》很難嗎？（笑）

樹木　的確很難。但是，就算我沒有深入思考，導演也會很自然地把細節拍下來，所以成品還是變得很好。像是孫子說：「如果中彩券了就可以再一起住了嗎？」劇本上沒有寫那裡要流眼淚，如果寫了一定又會演成別的樣子。

是枝　那一幕是因為演孫子的吉澤太陽[*1]演得好，連寫劇本的我都沒想到會變成希林女士流淚的畫面。原本的設定小孩天真無邪的感覺要更強烈一點，但是在現場，我察覺太陽說台詞的方式傳到了希林女士內心深處，所以邊聽邊流眼淚也是很容易理解的。

樹木　導演還將喊卡的時間點延後了，我說：「好開心啊！」並凝視孫子的臉那一幕，被拍下並保留下來了。

是枝　那是一不小心就可能失敗的一幕，從希林女士的角度來看，是不經意被孫子感動的，所以我覺得那個眼淚很棒，不是慢慢累積起來，是突然冒出來的眼淚。

樹木　這個角色其實沒有那麼孤獨，有兒有女，女兒還有兩個小孩，會讓孫子去玩花式溜冰、也會給點零用錢。所以內心是很充實的，但在那瞬間感情一下子湧了上來。「一起住吧」這句台詞，我在讀劇本時並沒什麼特別的感覺，但在現場看著孫子的臉，情感就瞬間湧上心頭。而且導演還將那段保留了下來，有些導演就是對這種細節無動於衷，會說：「好，卡！」打斷，那我就會想：「啊啊——」這樣（笑）。能夠遇到精準察覺到這些的導演，對演員來說真的很幸福呀。

是枝　雖然不好意思，但是有點開心（笑）。

樹木　結尾的地方也是，有一幕是媳婦（真木陽子＊2）和我在廚房對話的場景，對吧？我說：「已經無法補救了嗎？」「怎麼會變成這樣呢？」然後哭出來，喊卡之後我對導演說：「是不是有點哭得太誇張了？」導演說：「沒關係，沒有拍到您的臉。」

是枝　雖然劇本有寫突然哭起來，但是目的不是要希林女士哭泣，重點是「婆婆在眼前哭出來」這件事讓媳婦接收婆婆情緒的場景。

樹木　沒錯，那才是重點。所以即使失敗了我也放心地託付給導演。

但是，《比海還深》還是有個地方我覺得「失敗了，身為演員的我疏忽了」。對是枝先生的母親來說，是枝先生是最可愛的，比兩個女兒（指是枝的兩個姐姐）都可愛。我如果在畫面中多表現出一點那種「即使如此兒子還是最可愛」的感覺就好了。不是透過言語來表達的那種。會這樣說是因為，面對媳婦總有某些看不順眼，看到她在廚房慢吞吞的樣子就會想：「這種媳婦，真討厭啊」或是「我兒子會變成那樣的人，你也有錯」等等。

是枝　關於對媳婦的想法要在哪裡展現，我的安排不是在她面前，而是透過在公車站與兒子對話，或像與女兒對話時「因為她有讀書～」這類台詞來表達。

樹木　確實有那些台詞。在陽台上，邊聊著蝴蝶的話題，邊說：「不應該這樣。」完全不認為是自己的錯。「是爸爸不好」、「如果不是那種媳婦的話」、「是這個社會沒眼光」等等，真的打從心底這麼想。那樣的母親我看多了。雖然不需要講得太明顯，但如果能在舉手投足中多點著墨就好了。自己的兒子沒能成為心目中的大人，那不是自己的錯，如果能多表現出一點這種婆婆特有的厚臉皮就好了。

是枝　不過說到對「兒子老婆」的想法，在《橫山家之味》裡您對媳婦發言相當犀利，比方「什麼都是撿別人的」之類的。但是對這個媳婦，您則是說「如果我也有讀書……」、「如果時代不同，說不定我已經和丈夫離婚了」等等，有某些地方是重疊的。

樹木　也就是說，某些地方頗有同感。

是枝　對，我是這樣理解的。

樹木　嗯……不過，我覺得我應該演得更笨一點，那和有沒有受教育無關，而是「無論如何對母親來說兒子都是最好的」那種心情，我應該可以用稍微碰觸兒子等方式，不著痕跡地表現出來。

是枝　不會啦，已經表現得很充分了喔。

樹木　由我來拍的話，就會暗存一點壞心眼，會不經意表現得太明顯，但是是枝先生的電影分寸就會掌握得恰到好處，那就是是枝先生的人品。總之，對母親來說兒子不管怎麼樣都很可愛，女兒就不是了（笑）。

是枝　我和姐姐還有母親的關係也一樣。姐姐總抱怨：「為什麼都只有小裕有？」然後母親就說：「因為……」，那個「因為……」其實沒有理由吧。

樹木　沒錯。我本來以為我們家只有我和妹妹兩個人，沒想到母親在和父親結婚前已經生了一男一女，一直到我們長大還繼續隱瞞，還把那兩個孩子叫來母親開的店裡幫忙。我是在母親過世後才知道這件事。那個男孩明明盜用了母親和店裡的錢，但母親還是覺得「那個孩子最可愛」。雖然沒有說出口，但那種情感溢於言表。

至於有點笨的部分，和與其相對的「如果不是那個媳婦的話……」、「如果時代不同的話……」等等，將責任歸咎到他人或外在世界上的這種表達，是母親的特質。我自己也是一個母親，如果無暇像那樣說三道四只是一路向前就另當別論，但從客觀的角度來看，那種母親還滿令人同情的。那並不是件令人厭惡的事。

是枝　但是，我想某方面應該也能感覺到，正因為深愛兒子，所以會發現兒子與折磨自己的丈夫既相似又危險。

樹木　不太會去思考未來的事，現在兒子變成那樣是因為「繼承了父親的血脈」，只會這麼想。大家內心深處都存在那種母親特有的頑固和堅強、自我中心的思考方式，那和有沒有受教育無關。

是枝　飾演媳婦的真木（陽子）小姐如何？

樹木　真木小姐有點缺少女人的性感，所以我想：「我兒子真可憐。」（笑）當然真木小姐很漂亮，不過有點像少年，對吧？這種本質會自然顯現。就像我也沒打算要使壞，但是壞心眼的本質會跑出來。比方阿部先生問：「和他（新的戀人）做了嗎？」她回答：「別說了啦！」的場景也是，真木小姐真的就是「別說了啦」（笑）。如果多帶點肉體上的性感，聽起來感覺就會完全不一樣。

是枝　那裡有點顯露出她的強勢了。

樹木　對。唉，整個宣傳活動期間，我都讓自己以媽媽的角度來看，想著：「如果我家又帥、又高、又可愛的兒子的老婆能稍微不同一點的話……」（笑）。

是枝　（笑）一起來看看這部作品實際的畫面吧。這是阿部先生拿著蛋糕來到媽媽家，希林女士打開盒子、把盒子的繩子綁起來、將蛋糕放進冰箱的場景。那個綁繩子的手法和我母親一模一樣呢。

◉ **比海還深** ◉ **00:09:35～**

住宅區的淑子（樹木）家。廚房。淑子將突然來訪的良多（阿部寬）帶來的蛋糕伴手禮從袋子裡拿出來。良多詢問淑子關於父親掛軸的事。淑子一面回答，一面將蛋糕的包裝拆開，放進冰箱。

是枝　以導演的角度來說，這是一個想不移動阿部先生，在其周遭邊移動希林女士邊展示住宅房間內部的場景。希林女士在這段期間內不斷移動，我是預設希林女士可以做到這件事才拜託您這麼做的，但實際上這很困難，對不對？

樹木　一般人做不到喔，因為注意力會跑到台詞上頭。

是枝　這是訓練後的結果嗎？

樹木　在文學座有個叫做柔軟體操的東西，把全身的力氣放掉，從如木偶般被吊著的狀態開始，「現在只動腰」、「只轉動胸口」。然後像木偶「好，抬起右手」、「抬起兩手」、「繩子突然被切斷了」，只移動身體一部分的訓練，這個我和橋爪（功）先生特別拿手，說不定和那個訓練有關係。

是枝　也就是把身體的部位想像成各自分開的狀態。

樹木　沒錯。像是一手注意不讓杯子裡的水灑出來，另一手做著別的事，這是可以憑感覺做到的。那個柔軟體操並不像訓練那麼嚴格，只是一週大約會有一次的課程，我們兩個人特別出類拔萃，將力氣放掉的狀態拿捏得很好。我能自誇的也僅止於此，但這對演員來說是個有利的武器。

是枝　對導演來說，如果會覺得這個演員「不太容易運用」，多半是因為他把百分之百的注意力放在說台詞上，太想把自己的台詞說好的時候，身體就會變得僵硬。就算是專業演員也一樣，在說話時就沒辦法移動，希林女士和那種人完全相反。

樹木　還有，說完台詞後大家會停在那裡，可能是放鬆下來了吧。

是枝　在這個場景裡您綁完繩子後又去摺塑膠袋了吧。

樹木　其實我在摺塑膠袋時總會沙沙沙地把空氣擠掉，那樣做心情很暢快，但聲音可能有點吵於是提醒自己別那麼做，所以說演員不認真過日常生活不行呀。在這部電影裡也是，有把可爾必思放進冰庫做成冰，唰唰地邊刮著冰邊問：「不臭嗎？」的場景，像這樣實際上做過正是生活的痕跡，那些細微的小地方存在著真實感，所以看完時才會覺得很滿足呀。

是枝　另外一個地方，是和阿部先生在路上聊著蝴蝶話題的場景，從巧遇橋爪先生，站著短暫聊了一下的地方開始看，好嗎？

> ◉ **比海還深**　◉ **00:16:52～**
>
> 住宅區的垃圾場。良多（阿部寬）在回家時幫淑子（樹木）丟垃圾。仁井田（橋爪功）經過，淑子向他介紹良多。寒暄過後，在送良多到公車站的路上，淑子邊聊著前幾天看到蝴蝶的話題。

是枝　打完招呼要離開時，橋爪先生將「空白」掌握得非常絕妙。可能有觀眾會以為，橋爪先生是不是瞬間忘了台詞，但他本人很享受能呈現出這種像是忘記台詞般的空白。他根據實際上到了這個年紀就會如此的事實，完美地拿捏這樣的空白。

樹木　那可以說是某種直覺。他不會再三斟酌後決定：「這麼做吧！」而是信手拈來般的表演。在放貝多芬的唱片時也有一段空白，他與我對視時用眼神告訴我：「放心！我沒有忘記台詞喔！」（笑）

是枝　普通人的話很難做到。

樹木　嗯，做不到。所以在《家族真命苦》裡那卻變成一種阻礙，很可惜（笑）。真可憐，橋爪先生四輪溜冰也很厲害喔，在舞台上來回溜也絕對不會掉下去。

是枝　也就是說身體素質非常好吧。在這個場景裡，和橋爪先生分開後，您和阿部先生一起走，希林女士說：「（仁井田的妻子）好像三年前過世了。」我在剪輯時曾打算剪掉，您記得嗎？

樹木　不記得。

是枝　我說：「這裡，我把它剪掉吧，」您明確地說：「不，這個母親一定很在意那個人的妻子的事，這裡留著比較好。」

樹木　啊，這樣啊。我現在也是這麼想的。

是枝　看了成品，我也覺得留下來太好了，可以稍微窺探到這位母親「兒子不在時的生活」。

樹木　沒錯沒錯。母親想跟兒子清楚表達「那個人的妻子已經不在了」這件事。雖然即使如此他也絕對不會是自己的身邊人，但還是想先跟兒子說明的那種心情。那句台詞能留下來真的太好了呢。

另外還有……對了，阿部先生和池松壯亮*3的組合很奇妙。

是枝　那裡很棒，對吧。阿部先生也說：「池松給我很大的幫助呀。」

樹木　在賽馬場「借我一點（錢）」那裡，一直糾纏不放的片段非常精采。他們真是很棒的組合呢。

在訪談中也有提到，《比海還深》的邀約當初被斷然拒絕。其實像這樣被拒絕的經驗已經是第三次了。

第一次是《Going My Home》[4]的電視劇，當時我想把這部劇打造成《橫山家之味》的姐妹篇，想請希林女士來演由阿部寬先生飾演良多和YOU小姐飾演姐姐的母親角色。

被拒絕的理由有兩個。第一個是「因為我已經跟內田約定好不再演電視劇了」。第二個是「我怎麼演看起來也不會像一流企業高層的妻子喔」。「這個角色的話○○小姐比較適合喔，我把她的電話給你吧？」那時我無可奈何只好退讓。後來真正演出母親一角的吉行和子[5]女士是第二選擇嗎？其實不然。邀請吉行女士演出後，為配合她的聲音和表情，劇本全部重新寫過，成了量身定做的形式。如今回頭看，我覺得讓吉行女士來演真的太好了。也就是說比起我，希林女士更具有選角的眼光。

雖然《比海還深》剛開始的邀約不太順利，但希林女士下定決心之後，她塑造角色的功夫真的十分獨到。

在《橫山家之味》時，希林女士告訴我：「我可不是要演你的母親喔，」我回應：「當然沒有問題。」直到殺青前夕，她說：「一張就好，可以讓我看看照片嗎？」我就拿在我成長時居住的青瀨住宅區，母親和父親兩個人並排的黑白照片給她看，僅止於此。

《比海還深》時，希林女士則是從一開始就說：「帶個你母親的東西過來，什麼都行。」看來好像和《橫山家之味》時的研究方法不同。要拿睡衣好呢，假髮好呢，還是眼鏡好呢……。左思右想後我覺得假髮有點危險，因此帶了母親用過的眼鏡去。雖然那不是我的目的，但看著電影中的希林女士和阿部先生，有好幾次都變成母親和自己的畫面，感覺就像是時空旅行到我的記憶裡，情緒很複雜。

看著希林女士的演出，有個叫我相當吃驚的地方。那是一個平凡的場景，坐在廚房的餐桌邊，邊吃著糰子邊和小林聰美*6小姐飾演的女兒聊天。喝一口麥茶，打開冰箱，倒進玻璃杯。明明彩排也是這樣進行的，沒想到開拍前，希林女士卻把玻璃杯裡剩下的麥茶全部喝光了。然後，正式開拍時，希林女士先將空了的玻璃杯拿到嘴邊，準備要喝時才注意到裡面沒有東西，於是往冰箱走去。這樣的演出應該是從日常生活的觀察衍生出來的點子，但確實令人佩服得五體投地。喊卡後，我因為太過感動忍不住向希林女士致意，希林女士開心地笑著說：「但是有，對吧……這種事。」

《橫山家之味》是我母親過世後馬上著手寫的劇本，因此無論是寫的時候，或是拍的時候，我都認為那是關於母親的電影。但過了一段時間後再看，我才發現原來那是關於父親的電影。縱軸聯繫起來的是年老的父親、過世的哥哥，以及沒有血緣關係的兒子。

所以在《比海還深》裡，我試著將母親放在戲劇的中心。颱風的事件、結冰的可爾必思、防水的收音機和黃色蝴蝶的故事，幾乎都是真的發生在母親身上的事，但並不是什麼特別的故事，也沒有什麼特別的感情。我想用國中生也能懂的簡單詞彙來寫劇本，但做起來其實難度很高。正因為如此，這部戲無論如何都需要希林女士。

從導演的立場，我想稍微補充說明關於訪談中提到真木小姐演出的部分。

希林女士指出真木小姐飾演的前妻對主角表現出的強勢，反而正是我想要的。前夫擅自將兒子帶回老家，在颱風天被迫去接兒子的真木小姐在玄關前眼神向上瞪著前夫的場景，我還記得自己向真木小姐下了「再更強烈一點」、「再更兇一點」的指示。對著手要摸上自己腳的阿部先生強硬出拳的地方也是，我應該說了「這裡務必不留情面拒絕」，因為只要一鬆懈，這個男人就又會賴上來了。我認為動作再怎麼激烈也不打緊，因為真木小姐在前夫沒注意到的地方，明顯地表現出還愛著他的樣子。

那是在和以結婚為前提交往的男人用餐的場景。聽到男人說讀了阿部先生的小說後，真木小姐反問：「怎麼樣？」雖然在這裡並沒有明確擁護丈夫的發言，但我覺得她台詞間些微的停頓和眼神已能充分向觀眾表達出這點。真木小姐的演出非常細膩且精湛。阿部先生在看了成品後說：「我覺得良多被真木小姐的表情給拯救了。」所以，我覺得在電影裡良多沒有被拯救也很好。

希林女士對真木小姐演出的不滿意之處，或許如她所說，是在「宣傳活動期間」，我想那大概深受其母親角色對兒子媳婦評價的部分影響。

《比海還深》實現了我的願望，讓我能和希林女士一同前往坎城影展[*7]。「雖然不是競賽而是『一種注目單元』……」我說，希林女士回答：「這個作品剛剛好呢！」嗯，反正我也想，未能對母親盡的孝道是否轉而彌補在飾演「母親」的希林女士身上。不過，在坎城時希林女士因為氣喘宿疾發作，連呼吸都十分痛苦，根本沒有多餘力氣玩樂。

四個月後的九月，我們去了西班牙的聖賽巴斯提安影展[*8]，那是個街景很美、天氣很好、食物美味，一個萬事俱備的影展。希林女士由於身體無恙，看起來心情很好。抵達當地後我馬上帶希林女士去了一家二星還三星的知名餐廳，卻不合希林女士胃口。那是即使吃

攝於前往西班牙畢爾包機場的飛機內。

了也不知道原食材是什麼、加工過的多國籍料理。吃到一半時，主廚過來打招呼詢問：「如何？」「加工過頭了啦，完全不知道自己在吃什麼？」希林女士毫不掩飾地指出缺點。

像這樣大家想說又說不出口，而希林女士會直言無諱的場面屢見不鮮。雖然也會覺得只因有人願意挺身而出就默不作聲有點不道德，但因為實在很難達到希林女士那般既準確又餘韻無窮的境界，或許交給希林女士處置才是明智之舉。

那是二〇〇九年一起參加香港影展時的事。那時以《送行者：禮儀師的樂章》*9獲得奧斯卡金像獎最佳外語片獎的本木雅弘*10先生和也哉子小姐也一起參加，是個十分熱鬧又和諧的旅程。一路照顧我們，更正確地說是照顧本木先生的工作人員，應我們「想吃美味飲茶」的要求，替我們預約了餐廳，於是大家雀躍地出門了。但是那家餐廳卻沒有包廂，而且已經點好兩三個點心加上炒麵的午間套餐了。雖然完全沒想要慷他人之慨，但那是很難得聚在一起的成員，更何況是在香港，恐怕像這樣能聚在一起吃飯的機會頂多就這一兩次吧。我正後悔地想：「早知如此我就自己預約了……」希林女士已經對著前述的工作人員開砲。

「欸……你啊，餐點就這樣了嗎？」

「是的，套餐就這樣。……要加點什麼嗎？」

「不是加點的問題啊。你懂吧？這些人不應該只有這款招待吧……」希林女士用手掌拍打了桌子好幾次。接著開始連珠炮般數落哪裡不對。因為太過抱歉而縮著身子的工作人員說：「謝謝您，我學了一課。」想要結束對話，但是希林女士並不輕放他。

「你啊，現在才學怎麼可以。這是工作耶，先學完再說！」

幾年後和希林女士說起這件事，希林女士笑著說：「咦？我說過那麼過分的話嗎？」在那天晚上頒獎典禮過後的派對上，知名人士一個接著一個來跟希林女士打招呼，希林女士也一一回禮。

「你啊，那個領帶圖案很奇特耶，在哪裡買的啊？」

對著以前曾在希林女士的連續劇裡擔任工作人員，如今升任電視台高層則是說：「咦？我不記得了。我真的有演那部連續劇嗎？」如果質疑：「你真的在現場嗎？」就會傷到對方。這句「我有演嗎？」是希林女士了不起的說法，我在一旁聽了不禁這麼想。

話題拉回來，花了整整三小時吃完聖賽巴斯提安的午餐後，馬上就到了晚餐時間。坐公車到距離隔壁港口城市約四十分鐘車程的指定餐廳。「我肚子很飽，看看就好！」希林女士邊說邊與我們一同走進餐廳。這間名叫 ELKANO 的餐廳端出來的魚料理和中午截然不同，是善用食材原味的單純佳餚，剛開始只是旁觀的希林女士終於也忍

希林女士穿著和服走在西班牙的陽光下非常美麗。

不住說：「給我吃一口。」將手伸向旁邊松崎製片人的盤子裡。

回程的公車上希林女士不斷重複：

「這裡的東西真好吃……我還想再來！」

「東京影展*11如果也像這樣派出公車，載著外國客人到熱海或箱根，帶他們吃美味的魚、泡泡溫泉就好了……」

希林女士認真地說著。

在正式上映的紅毯上，我和希林女士挽著手一起走。沿途有影迷搭話，我們幫他們簽名、與他們合照，一面緩緩前進。聖賽巴斯提安的觀眾們非常喜愛《橫山家之味》，此外河瀨直美*12導演的《戀戀銅鑼燒》*13在歐洲上映，更在各國掀起銅鑼燒熱潮，因此希林女士受到極為熱烈的歡迎。那比我自己受歡迎還更令我開心、驕傲。

註

＊1　吉澤太陽

演員。二〇〇三年生於東京。二〇一四年，演出NHK的《花子與安妮》。於二〇一五年上映的《流浪者年代記》首次演出電影。《比海還深》中的演技爲他贏得高崎電影節最佳新人男演員獎。

＊2　眞木陽子

演員。一九八二年生於千葉縣。一九九八年，進入仲代達矢主事的無名塾劇團。入團第二年即被選爲《底層》公演的娜塔莎一角。二〇〇〇年退團後，於電視、電影表現活躍。二〇〇六年以西川美和導演的《搖晃》榮獲山路文子電影獎新人女演員獎。代表作有電影《奔放青春》、《薇若妮卡想不開》、《草食男之桃花期》、《東京朋友》、《再見溪谷》、《劇場版　吶喊正義》、《燒肉Dragon》、《孤狼之血》等。是枝的作品則演出了《我的意外爸爸》、《比海還深》。

＊3　池松壯亮

演員。一九九〇年生於福岡縣。於劇團四季的音樂劇《獅子王》中以年輕辛巴的角色出道。二〇〇三年，於《末代武士》中首次演出電影。代表作有《鐵人28號》、《我們家》、《紙之月》、《劇場版　吶喊正義》、《漫長的藉口》、《東京夜空最深藍》、《斬》、《男人眞命苦眞人版電影》等。是枝的作品則演出了《比海還深》、《小偷家族》。

＊4　《Going My Home》

富士電視台於二〇一二年播出（全十集）。是枝親自負責全劇的執導、劇本。主演者爲阿部寬、山口智子、宮崎葵。

＊5　吉行和子

演員、散文家、俳句詩人。一九三五年生於東京。哥哥爲作家吉行淳之介。一九五五年以電影《由起子》出道。一九七八年主演大島渚導演的《愛之亡靈》，獲得日本奧斯卡金像獎最佳女主角獎。代表作有電影《我的二哥》、《才女氣質》、《折梅》、《東京家族》、《燦燦》、《家族眞命苦系列》、《羊與鋼之森》等。

＊6　小林聰美

演員、散文家。一九六五年生於

東京。一九七九年以TBS《3年B組金八先生》學生角色出道。一九八二年被選爲大林宣彥導演《轉學生》之主角。代表作有電影《寂寞的心》、《海鷗食堂》、《眼鏡》、《東京綠洲》、《爲你取名的那一天》、《比海還深》等，電視連續劇《果然還是喜歡貓系列》、《閃亮的人生系列》、《西瓜》、《anone》、《離婚的二人》等。

＊7　坎城影展

指坎城國際電影展。一九四六年開始每年五月於法國的坎城舉辦。與威尼斯國際影展、柏林國際影展並稱「世界三大影展」。

＊8　聖賽巴斯提安影展

指聖賽巴斯提安國際影展。自一九五三年開始每年九月於西班牙北部的聖賽巴斯提安舉辦。

＊9　《送行者：禮儀師的樂章》

瀧田洋二郎導演執導，於二〇〇八年上映的電影。本木雅弘本人深受青木新門所著《納棺夫日記》感動，爲使其電影化不斷奔走。

＊10　本木雅弘

演員。一九六五年生於埼玉縣。一九八一年以TBS《2年B組仙八先生》學生角色出道。一九八二年以偶像團體《澀柿子隊》的成員身分出道成爲歌手。一九八八年團體解散後，開始演員生涯。一九九五年與內田也哉子結婚，育有兩男一女。代表作有電影《花式溜冰》、《五個相撲的少年》、《從魚戴奧辛！》、《常磐莊的青春》、《送行者：禮儀師的樂章》、《日本最漫長的一天》、《天空之蜂》、《漫長的藉口》等。

＊11　東京影展

指東京國際影展。一九八五年開始，每年十月舉行。是枝因爲「已經有威尼斯、多倫多、釜山等權威性的影展，難以再爲了競爭而聚集作品，與其在那部分下功夫，不如重視作品的多樣性，以都市型的多倫多（國際影展）爲目標發展」的想法，曾與東京國際影展主席見面並提交意見書。

＊12　河瀨直美

電影導演。一九六九年生於奈良縣。大阪寫眞專門學校畢業後，一面擔任該校講師，一面製作八釐米作品《擁抱》、《蝸牛》而受到注目。一九九七年，《萌之朱雀》榮獲坎城國際影展金攝影機獎（新人導演獎）。二〇一五年，獲頒法國藝術文化勳章，爲首位獲頒勳章的日本女性電影導演。同一年，《戀戀銅鑼燒》於坎城國際影展做爲開場影片播映。代表作有《殯之森》、《第二扇窗》、《光》、《平行世界》等。二〇二〇年被選爲東京奧運官方紀錄片導演。

＊13 《戀戀銅鑼燒》
多利安助川同名小說，由日、法、德合作拍成電影。二〇一五年五月上映。銅鑼燒店「銅鑼春」的受雇店長（永瀨正敏），遇上看到招募員工公告而請求讓她工作的年老婦女（樹木），他試著將製作豆沙餡的工作交給她，但……。樹木以本作品獲得山路文子女演員獎、報知電影獎女主角獎、橫濱影展特別大獎等衆多獎項。

第 5 章

相遇與別離

2016 年 3 月 22 日

於澀谷／樹木希林自宅

「為了餬口，保有一技之長」

是枝　您是在神田出生的，對嗎？

樹木　沒錯，神田。但是因為戰爭房子燒掉了，後來搬到青梅街道旁的鍋屋橫丁*1上的臨時屋，接著又搬去池袋。母親在池袋開了店，但一直沒什麼生意，後來就轉移陣地到橫濱。剛好與那裡有緣吧，原本只是家小店沒想到愈開愈大，之後雙親就一直把那裡當成根據地。

是枝　在神田的時候呢？我曾讀到您父親是警察一事。

樹木　沒錯。母親在神田開咖啡廳，父親則是在那附近巡邏的警察。他們因此結緣結婚。

是枝　那個咖啡廳的名字叫「東寶」。

樹木　但和東寶電影一點關係也沒有。說到神田，和銀座比起來算是二流地段。應該都是有錢的學生比較多吧，雖然之後變成成名的作詞家、作家、畫家等人匯聚的咖啡廳，但真的稱不上一流場所。

是枝　您還記得神田的店嗎？

樹木　不記得，只看過照片。

是枝　是幾歲之前住在那裡？

樹木　我出生不久就開戰了，昭和十八年一月出生後馬上遇到戰爭失火，所以大概只到兩歲左右吧。

是枝　那應該沒有印象了。

樹木　對呀，被疏散到別地方去了，戰後則到了池袋。雜司谷附近有間叫做人世坐[*2]的電影院，那時代算是挺前衛[*3]的。我第一次看的電影是《卡門回家》[*4]，和父親穿著過大的長靴去，讓自己顯得嬌小可以免費入場，當時做了一堆那種事。我也看了今井正[*5]先生的《何處生存》[*6]。那一點也不有趣，是很沉重的電影。電影院裡雨天會漏水，大家會鋪報紙、抱著膝蓋在那裡將將就就的看電影。

是枝　《卡門回家》是第一部日本國產的彩色電影，由高峰秀子*7女士出任女主角飾演脫衣舞孃。

樹木　父親應該也是完全不知道劇情就進去看了吧？（笑）

是枝　在池袋的店叫什麼名字呢？

樹木　那是一間小天婦羅店，以母親中古清子的名字命名，叫做「中清」。淺草有一間叫中清的有名天婦羅店，但兩家店一點關係也沒有。在雜司谷開店，問題是那個年代大家都無法溫飽，怎麼可能來吃天婦羅呢……但還是開了。

是枝　那時候，您父親還在當警察嗎？

樹木　沒有，應該有在做其他工作，但是待在能幹的女人身邊，男人就會變得無所事事了，不是嗎？（笑）印象中他總是在彈琵琶，找朋友來彈琵琶。

不過，因為他不會喝酒，所以並沒有把家裡的經濟拖垮。

是枝 父親在當警察之前就會彈琵琶了嗎？

樹木 那個時代琵琶還滿流行的，在淨琉璃、三味線等各式各樣的樂器中，琵琶占有一席之地。

是枝 您從小就對琵琶很熟悉了嗎？

樹木 因為父親會彈琵琶，母親也會找老師來彈奏三味線，因此我聽慣了日式傳統樂器。

是枝 希林女士也飾演過很多彈奏琵琶或三味線的角色，對吧？

樹木 沒有很多喔。大概只有《夢千代日記》裡的貝殼節，另外《孤苦盲女阿玲》*8裡也有。但是女演員大家都會彈喔，因為相較之下比較容易上手。說不定跟門前的小和尚*9一樣，從小耳濡目染也有關係。

是枝 當時您是個怎樣的小孩呢？

樹木 我小時候有自閉症，完全不說話。到小學五年級之前一直置身事外般、從教室後方「哼！」地看著大家（笑）。

是枝 為什麼會有自閉症呢？

樹木 我四歲左右坐在棉被上玩時，從一樓半的地方咚地掉下來，然後棉被掉在我身上壓得我無法呼吸。雖然父母跑過來把棉被掀開時我咻地恢復呼吸了，但從那天晚上開始我就變得經常尿床，大概是哪裡受傷了吧。自此就變得不說話了，不和任何人說話，只想鑽進狹窄的地方，安靜地待在那裡。

是枝 學校呢？

樹木 有被送去幼稚園，因為母親要工作。父親把我放在嬰兒車上送到幼稚園，因為如果不推嬰兒車我就不願意去。到了幼稚園，因為人會聚集過來，我覺得丟臉就會從嬰兒車上跳下來，對父親說：「回去啦。」真是個討人厭的傢伙（笑）。我一直都不說話，所以聽說當認識我的鄰居知道我成了女演員時，都驚訝萬分：「騙人的吧？我連她的聲音都沒聽過。」

是枝 後來讓您開口的契機是？

樹木　那時因為脊椎很不舒服所以我要求打針，母親就找來了針灸師，每週一次定期打針。到了小學四、五年級脊椎治好了，身體也變得比較舒服了……。我從來沒有被罵過喔，小學二年級左右，市面上開始販賣塑膠袋，我把塑膠袋捲起來帶著去別人家住，因為我會尿床。雖然過著那樣的生活，但我一次都沒被罵過。

是枝　您父親的名字是？

樹木　中谷襄水*10。雖然是琵琶的名字，但他把本名也換成那個了。琵琶裡有叫做「水號」的名字，所以大家名字裡都會加上水。

是枝　他是個怎麼樣的父親呢？

樹木　父親一直非常喜歡（查理．）卓別林*11，那時大家都很喜歡卓別林。但不知道為什麼，他說：「我啊，討厭森繁久彌。」（笑）所以我要參與森繁主演的《七個孫子》的演出時，我對父母絕口不提。就算父親說：「總覺得好像有跟你長得很像的人上電視了……」我也會說：「不是啦，那不是我，不是我！」

（笑）最後因為《七個孫子》太受歡迎，所以還是露餡了。

是枝 我聽說希林女士會往演戲的道路前進，契機是去滑雪時受傷了。

樹木 女校畢業前那段時間，大家都在思考未來的方向。因為父親要去彈琵琶的朋友家玩，我也跟著一起去，結果在那裡受傷了。

是枝 在那之前您本來打算做什麼呢？

樹木 我父親說，雖然他完全不清楚我的資質，但是「你啊，就算結婚了也不知道能不能和丈夫好好走下去，為了餬口，得保有一技之長。如果是藥劑師之類的話我可以幫你開一家店。」因此我懵懵懂懂地申請了三家藥科大學。但是，因為我的數學完全不行，覺得這樣一定考不上，所以在考試前那個月才跟著父親去玩，然後就正好受傷了（笑）。眼看其他同學似乎都已成竹在胸，但我還是茫茫然摸不著頭緒。三月底不是有畢業典禮，很熱鬧嗎？可是對我來說卻是未定之天，非常難熬。看著現在的年輕人我也覺得，只有自己苦無出路應該相當辛苦。那時，看到「戰後，三大劇團首次招募研究生」

的小小則報導刊登在報紙上，我就依照截止日期一家一家陸續提交申請書。

是枝　哪裡都好嗎？

樹木　哪裡都好。我才不懂那些呢。交出申請書後，最早收到文學座的通知，所以我想其他的就算了吧。

是枝　文學座和俳優座*12和……？

樹木　劇團民藝*13。那時往電影界發展的人感覺只要長得好看，就算笨一點也沒關係，因此我想往舞台發展應該會比較好。舞台的世界大家都不太了解，那樣不是很好嗎？反正我也選不上電影新人。但是，沒想到往舞台發展，竟如此辛苦。每天背台詞，一點也不有趣。所以當廣告的演出邀約來的時候，我馬上說：「我要拍！」因此才轉往電視的方向。

衡量藝人的立足點

是枝　由廣告開始從文學座轉往電視的方向，我想這應該只有在希林女士身上才會發生。

樹木　與其說是演員，我覺得自己身在演藝圈裡的意識更強烈。我覺得自己是藝人的意識比演員更強。雖然會以演員身分演出某個角色，但我會想：「以藝人來說，我的定位是在哪裡，是怎樣的存在？」然後我會想要推翻它，把觀眾的期待帶往意想不到的方向。雖然有一半都失敗了（笑）。從那樣的位置來看自己十分有趣。所以不僅是思考角色，「二〇一六年由這個人演這個角色會如何？」像這樣去看會更有趣。因為我不是過幾十年後再回來看還會留下些什麼的那種演員。嗯……不過也要視導演而定啦。演員都會塑造角色，但除此之外我還會想「大家已經看膩這種東西了」、「已經不想看了」、「大家想要看這個」等等，我是對這些有敏感度的人。

是枝　這點是像誰呢？森繁先生？

樹木　演員的話幾乎沒看過這樣的人耶。森繁先生雖然看起來不像，但其實他非常非常喜歡演戲。他在舞台劇演過好幾次《屋頂上的提琴手》*14，接受過好幾次喝采……，我完全沒有那種表演欲。所以不是像森繁先生。大家都不會邊當演員邊思考自己的定位。只是單純地演戲。

以前第一是舞台演員，第二是電影演員，電視是三流演員出場的地方，敬陪末座的廣告是「演技很糟糕的演員，出現在這裡的演員幾乎沒救了」的時代。我是在那種時代裡帶頭演廣告的人。

是枝　那是……希林女士的特質嗎？

樹木　對呀。我之前說過嗎？第一次拍廣告，是在文學座還有許多同學在的時期，演路人甲、在舞台兩側歡呼、或是掃後台的小角色，那時，地方的廣告邀約找上了文學座。是一家醬油店，不是有名的店，是連名字都沒聽過的醬油店，為期三個月的廣告。在文學座大家絕對看不上眼：「四流演員才演廣告。」而那時我正好在《七個孫子》中和森繁先生一起出現在電視上，「她有上電視，找她也可以吧」，所以邀約才會找上我。然後我當場就回答：「我要演！」

我和詩人朋友長田弘*15聊起「我收到廣告邀約」後，他說：「那很棒耶！你會說『醬油就選○○醬油』，對吧？『醬油將』能不能派上用場呢？」（笑）我想，原來詩人也會講那麼無聊的話啊。不過，在拍攝現場我拿起醬油試著說了一下：「醬油就選○○醬油。醬油將。」結果就被採用了，在東海地區只有十五秒的廣告，成了全國性週刊《SUNDAY每日》「今年最爛廣告前十名」裡的第三名喔！

是枝 最爛嗎？（笑）

樹木 沒錯。第一、第二名是全國性的廣告。我本來以為地方廣告沒有人看，沒想到，原來有這麼大的影響力啊。那是我第一次感受到踏進這個世界的趣味，開始覺得演藝圈真有趣呀。比起當演員活著，更喜歡在演藝圈裡活著。雖然這是最令人討厭的環境，但在演藝圈裡能看到各式各樣的人，多彩多姿喔！想進入演藝圈的人形形色色，像你這樣正直的人極為罕見（笑）。

是枝　像希林女士這樣使用「藝人」這個詞的，據我所知只有一個人。雖然類型有點不一樣，是萩本欽一[*16]先生。有一次我跟他聊天，他對「演藝圈」、「藝人」和「演員」三個詞是有所區分的。

樹木　沒錯。我覺得演藝圈真是個有趣的世界。

是枝　舞台劇的非演員至上主義，可能就是希林女士面對各種事物都能靈活應對的秘訣吧？不只有演技，還有綜藝節目啦、電影頒獎典禮上極致的諷刺等等，我一直覺得希林女士的反應能力非常強。

樹木　沒有，我常常失敗喔（笑）。雖然會失敗，但失敗也是演藝圈，這是個匯聚一切的地方。只是靜靜地待著不出錯，那就不是演藝圈了。跌倒也是，失敗也是，「為玩而生否」[*17]的感覺。有開心的事，也有厭惡的事，一想到這樣的世界，就覺得沒那麼討人厭了。某個時間點之前其實我一直沒發現，原來我並不討厭這樣的世界。

是枝　曾經討厭過嗎？

樹木　年中有個記者跑來追新聞，我們大吵一架，我覺得太討厭了。於是我決定再也不回應媒體、不上鏡頭。但是，我丈夫有天這麼說了：「你啊，對方並不是報社或是那些頭銜喔，是人喔。來到這裡的，大家都是個人，你再好好想一想。」

是枝　太厲害了。

樹木　所以其實沒什麼大不了，我也很喜歡喔，這樣的世界。所以後半生就變得有趣起來，自己的定位和年齡上開始重視他人的時期重疊在一起，心情非常舒暢。這樣一路走下去能走到哪裡呢？我想某天應該會被挖個坑碰地掉下去吧（笑），我就是這樣的人。

是枝　我曾經讀到您半夜跟待在門外的記者說：「很冷吧？」讓他們進屋裡，並告訴他們：「要問什麼都請問吧。」的報導。

樹木　那不是半夜啦，因為他們那樣會造成鄰居的困擾。而且如果真有什麼目的就還好，沒有目的只是一直等也很辛苦。「他們也是人。」這是內田裕也的功勞呢。

是枝　回到廣告的話題，富士軟片的「美麗的人會拍得更美麗，不是那樣的人會如實地……」這個文案，據說是希林女士想出來的。

樹木　不是，是先有了川崎徹*18先生想出來的文案「富士彩色，可以將美麗的人美麗地拍出來，不美的人也美麗地拍出來」。於是我問川崎先生：「能夠將不美的人也拍得很美的底片是哪種底片？」川崎先生不知該如何回答。而且「不美的人」這種說法不是有點令人難過嗎？因為我是不美的人，所以我才提議要不要改成「不是那樣的人」。如果改成這樣的話，「如實拍出來」比較接近現實吧，我和川崎先生兩個人就「對啊對啊」地意見一致了。

是枝　是很出色的婉轉說法呢。

樹木　我當時想：「不能說假話啊！」我的那種雷達可能隨時都在運作。說食物「美味」時我也總在想「和什麼相比？」稱讚的言詞我會更留意。

是枝　那種感覺跟拍電影一樣。

樹木　是啊。做的人如果不留意，觀眾也會抱怨。

是枝　您和久世光彥先生也是，曾分開好一段時間，後來又一起合作廣告了吧。

樹木　嗯，「東京電話」。麥肯廣告公司的導演來邀約，堅持要拍我，問我能不能演出，那時我開出的條件就是：「如果是和久世先生一起我就拍。」沒想到大家都同意，連加藤治子小姐也說：「如果是久世先生的話。」

是枝　您曾和久世先生一起拍過很多廣告嗎？

樹木　對呀。你聽了可能也不知道，像是高山晃一開發公司的廣告等。那剛好是《寺內貫太郎一家》裡我的老婆婆角色大受歡迎的時候，因此在廣告裡我也是演老婆婆。當時請工作人員做了如恐山般的布景，在那上面插上一堆寫著「高山晃一開發」的紅旗子，我在畫面正中央彈琵琶。「有時候是高山

晃一開發，下一次是高山晃一開發，無論何時何地～碰碰，高山晃一開發～碰碰！」然後就唰地結束了。（笑）

是枝　（笑）那個有在電視上播出嗎？

樹木　有，雖然只有一下下。結果公司社長怒氣沖沖地去找久世先生：「我被大家批評：『那種沒格調的廣告？』你要怎麼賠償我！」但是不到一個拜，在《週刊朝日》裡的廣告評論欄，被放上照片並寫道「從沒看過那麼有趣的廣告」，社長心情瞬間好轉。但是啊，我和久世先生一起拍的全都失敗了。

是枝　廣告嗎？

樹木　嗯。某天，森繁先生、研直子[*19]和我要拍 CABAGIN 的廣告，我說：「我胃不太舒服，是不是吃個 CABAGIN 比較好？」森繁先生回答：「比起不吃當然是吃比較好，」短短十五秒廣告，台詞用地方方言說。我想了一下吃什麼食物最會讓胃不舒服呢，於是我說：「我吃了韭菜炒豬肝和牡丹餅，是不是吃個 CABAGIN 比較好？」森繁先生回：「比起不吃當然是吃比較好！」兩個人坐在長椅上對話，但講完韭菜炒豬肝就用了快十一秒，於是久世先生說：「森繁先生不好意思，請你說快一點。」森繁先生不解：「可是，這個人的台詞比較長，不是嗎？」（笑）即使如此久世先生還是毫不退縮地對我說：「在『我吃了韭菜炒豬肝和牡丹餅』之後打一個嗝。」明明時間都不夠了。然後他對森繁先生說：「請擺出嫌臭的表情躲開。」

結果，最後成了一個非常奇怪的廣告。不過播了十次左右因為牽涉到藥事法，不能用「比起不吃當然是吃比較好」這種不負責任的方式賣藥，所以就下架了。不過那個廣告，記得的人很多喔。久世先生在拍攝那個時代某些東西的方法確實很厲害。

是枝 我覺得是新穎的宣傳口號。前陣子，我執導了金鳥防蚊掛片廣告，標語是「比不掛要好得多」喔！很像吧（笑）。

樹木 呵呵呵。不過那不是吃的東西，應該就跟藥事法無關了吧？唉，總而言之，和久世先生一起拍的全都失敗了，因為他每次都採用了我提的點子。此外，久世先生對廣告沒什麼興趣，拍東京電話時不但姍姍來遲，拍攝現場也幾乎都在睡覺。

是枝　那是為什麼呢？

樹木　因為累了。這（小指）方面太忙了。

是枝　（笑）希林女士最早登場的廣告是富士軟片嗎？還是健康磁石益利棒呢？

樹木　富士軟片比較早。健康磁石益利棒算不上受歡迎的產品，不管什麼時候拍都一樣，說著：「健康磁石益利棒！」算是有趣呢？還是無聊呢？「健康磁石益利棒！」，一成不變。

是枝　那時您是以什麼標準在挑選廣告呢？像是，因為是川崎徹先生所以拍之類的？

樹木　我當時不懂那些，導演的名字不懂，作品也不懂，經常聽天由命，說著：「好，可以喔！」就去拍了。

是枝　富士軟片持續拍了那麼久，應該是有什麼有趣的地方吧？廣告裡面希林女士很有趣，成了家喻戶曉的人物。那是年輕人開始對廣告、導演、文案作家這些職業有憧憬的時代。

樹木　那是廣告地位漸漸上升的時代。在那之前廣告處在最底層的位置，只是呈現出商品的樣子、某個人唸出廣告口號而已。在這十五秒的世界裡，人們動了起來。

是枝　優秀的製作人也開始出現了。

樹木　沒錯沒錯，開始出現各式各樣的人。

是枝　可能是希林女士高度的行動力正好和廣告契合吧。您自己怎麼看呢？

樹木　我幾乎沒有那樣想過耶。以錢來說收入很不錯，只是這樣而已（笑）。上了年紀的老太婆才能夠說出這種話……不對，我從以前就會這麼說了。對我而言這個演藝圈能有廣告是件非常令人感激的事，真的很有意思。話雖如此，但我也不是一心想要朝廣告發展就是了。

是枝　說不定那種半玩樂的感覺對觀眾來說剛剛好。

樹木　說不定喔。不過我在廣告裡沒有什麼厲害的成就啦。

思考如何不輸給森繁久彌

是枝　由久世先生聽寫整理、森繁先生口述的《大遺言書》*[20]裡，有提到在《七個孫子》初次見到希林女士的場景，您還記得嗎？是關東煮餐車的場景。

樹木　嗯。森繁先生說：「都是家裡的場景有點那個，弄個喝酒的地方吧！」森繁先生雖然是大公司社長，但他說：「弄一個在附近的關東煮店。」飾演女傭的我去迎接社長，結果被拉去一起喝酒。

當時，因為在赤坂有關東煮餐車，久世先生就前去拜託將它帶了過來。然後森繁先生說——那是森繁先生厲害的地方：「把地板弄斜一點。」不是很陡的坡，而是想營造在緩坡上有關東煮店的感覺。關東煮店有張如同長板凳般的長椅，幾位客人坐著喝酒，但因為地板是斜的，客人們會漸漸偏向同一邊，所以大家都叫那家關東煮店「歪路」，雖然它有其他店名。「老先生要走去哪裡？」「歪路，要不要一起走？」像這樣（笑）。我和久世先生兩個人曾聊到：「這個點子真了不起！」跟叫拋棄式相機「即可拍」的創意相同。這類點子，森繁先生向來不乏。椅子也是，我想原本應該沒有連在一起，他卻把餐車加上如長凳般的椅子，雖然不是什麼大創意，但是我覺得能夠啪地想出那種情境的森繁先生真的很厲害。

是枝　那時，希林女士說「老先生，已經很晚了回家吧」的台詞，是用不知道哪裡的地方口音說的吧？

樹木　沒錯沒錯。

是枝　那是哪裡的口音呢？

樹木　我是神田出生的，不會任何方言，沒辦法所以我只好說：「老先生，窩來接尼了。」那時從東北來的女傭很多，因為幾乎不怎麼開口，所以發音不太清楚。

是枝　從那裡開始女傭的出場機會就變多了。

樹木　沒錯。變成就算劇本上沒寫，老先生身邊總會有女傭在。幾乎每個場景女傭都會出現，我吃大虧了。

是枝　報酬明明沒有變（笑），只有工作增加了。

樹木　不過，那時森繁先生讓我學到了很多有趣的事。就算想出餐車的點子，但將餐車擺在斜坡上，稍微傾斜的點子我怎麼樣都想不出來。我打從心裡佩服這個人。

是枝　森繁先生的點子每天都有嗎？

樹木　隨時隨地都有喔。我為了與之抗衡，就想了許許多多的點子，我不會事先跟森繁先生說：「我們這麼做吧！」而是在彩排時直接表現給他看，然後森繁先生就會咯咯笑，我就想：「啊，這個可以！」

是枝　那時希林女士才二十歲左右吧？

樹木　對啊。比方說，如果是在小津先生的拍攝現場，大家都不會發出腳步聲或其他聲響，對吧？同樣的，森繁先生到了之後，攝影棚也會變得鴉雀無聲，因為森繁先生蒞臨，世界便是以森繁先生為中心旋轉。不僅周遭的人如此表現，森繁先生對此也有所察覺。而我明明只是個微不足道的小角色，卻不在意那種事。所以每次只要我稍微做一點劇本上沒有的東西，大家就會猛地轉頭看向森繁先生，如果得到森繁先生的回應大家就會鬆一口氣，總之森繁先生就是中心。

演出費也是，我是一集一萬元，森繁先生則是一百二十萬元，差異十分懸殊。雖然是那樣的時代，但由於我只是因為需要女傭才被情商演出，隨時都可以走人，所以並沒有特別崇拜森繁先生，只有為了不輸給他而努力思考的想法而已。現在則深切感受到，他真的是個了不起的人物，幾乎很難再遇到這樣的演員了。

是枝　森繁先生也是年輕時就扮演年老的角色，希林女士在《寺內貫太郎一家》裡願意嘗試年老的角色也是受他影響嗎？

樹木 不是，不是受他影響。我事後聽說，森繁先生在四十九歲時就演過年逾八十的老先生。我當時三十歲，其實要演什麼角色都可以，但我想老婆婆的話就不需要動也挺好的（笑）。

是枝 結果出乎意料地是個一直在動的老婆婆（笑）。

樹木 對，一直在動。我覺得久世先生有時很有趣。有一段利用可動式吊橋的演出。原以為吊橋是往下放，走上去後才發現是向上收，走到一半時拐杖掉下去的一幕，正常來說只要踏踏踏地走過去掉下拐杖就好，久世先生卻說：「掉下去的瞬間可以身體往前跌一下嗎？」一瞬間就好，請浮現「不該這樣」的想法然後身體往前跌。久世先生會提出這種很寫實的要求，這種事屢見不鮮。

是枝 這也是久世先生寫的，在《七個孫子》裡希林女士要去相親的場景，森繁先生突然說：「把女傭後頸部的頭髮剃掉。」

樹木　對，他突然說：「把剃刀拿來！」

是枝　在彩排時嗎？

樹木　在正式開拍前，因為根本沒有彩排呀。

是枝　那就是他靈機一動的點子了。

樹木　打算在走廊剃頭髮也是，他的想法總是比導演快一步。在走廊的陽光中，唰唰地剃著女傭的後頸。

是枝　那個相親對象是渥美清先生。

樹木　他是森繁先生說「有個叫渥美清的孩子」，然後就帶來的。

是枝　那是渥美先生成名前的事吧？

樹木　那是他演出《在夢中相會》*21的時期，那時他還隨身帶著畫上自己臉的名片發給大家。

是枝　森繁先生將在某處看到的人帶到自己的戲中來，雖然希林女士應該也算是其中之一，這種事很常見嗎？

樹木　不僅如此，把這個（小指）帶來也很常見（笑）。這個（小指）最有趣了，他會變得心神不寧。我覺得男人很有意思，或者該說是可愛，但是，偏偏每次那種人的演技都不好。

是枝　（笑）那是偏好的影響吧。

樹木　沒錯沒錯，所以才很有意思。忘記是何時了，我說：「您『這方面』的眼光不太好耶。」森繁先生說：「不，其實有很棒的喔。」「我不是風采不如人，而是財力不足。」我想有誰能讓森繁先生在錢上頭略遜一籌呢？他說：「嗯……田中角榮*22。」（笑）

是枝　真的嗎？

樹木　嗯，我親口問他的。他堅稱：「我不是風采不如人，」還自誇：「那是個很棒的女人，」真是可愛得不得了。

是枝　聽說森繁先生臨終前您還和他一起吃過飯？

樹木　嗯，在東京會館之類的地方。

是枝　森繁先生找您去的嗎？

樹木　嗯。久世先生和我在失言惹禍風波[*23]後不再一起合作，最擔心的就是森繁先生了。「你啊，沒有什麼辦法嗎？差不多可以和好一起工作了吧？」這是森繁先生對我說的最後的話。從森繁先生身上我真的獲益良多，不只我，當時進出森繁先生住處所有參與演出的人，無一例外。

像這樣聊著就會回想起很多事呢……。在久世先生的葬禮上，森繁先生說：「小久世，你啊，幹嘛急著慌忙赴死呀！」在告別式上說「慌忙赴死」，果然很像那個人會說的話。

是枝　是森繁先生獨特的發言呢。

樹木　他有很經典的台詞喔，「明明還那麼年輕，我希望自己可以代替他」這句……。我對久世先生說：「他說得真好！」久世先生說：「不不不，那還有後續：『神是殘酷的，』到這裡才是重點。」不過，輪到久世先生的時候就變成「慌忙赴死」了（笑）。

是枝　鴨下信一[*21]先生的書裡提到，森繁先生演出小津（安二郎）先生的電影，吃了不少苦頭，您有從森繁先生本人那裡聽說什麼嗎？

樹木　咦！沒有耶。他演了哪部？

是枝　《小早川家之秋》[*25]。為什麼會提出邀約呢？應該早就知道合不來了吧。因為森繁先生是「實做的人」，小津先生是「不讓你做的人」。

樹木　他確實無法像笠（智眾）先生那樣什麼都不做待在那裡，他和我一樣，現場有的東西全都會去碰一碰，可能是被說了「請什麼都不要做」之類的話吧。

是枝　書上寫著被小津先生說了：「您好會演。」

樹木　您好會演啊……，聽了會生氣耶。說不定他真的在我面前抱怨過喔。

我重讀這次訪談後，注意到在此提及的萩本欽一先生對「演藝圈」的定義和希林女士所述的「演藝圈」稍有不同，但我還是決定將原文

連同我的反省如實收錄進來。

訪談中萩本欽一先生使用的詞彙，更精確地說是「電視表演」這個說法。

他是淺草出生的藝人，他認為在所謂的電視媒體上思考原創性時，該發展的不是像舞台劇般的專業表演，而是「外行人」忘詞或說錯話而產生的「笑點」，而他將此歸為「電視表演」。在許多（電視業界的）專業被輕視的情勢下，他是打算張臂擁抱電視娛樂性的人。我想態度上，可能和大多數舞台表演者敬謝不敏，仍選擇主動積極參與電視連續劇、廣告演出的希林女士，有著某些共通之處吧。

和久世光彥一起嬉遊電視圈的時代

是枝　和久世先生的合作中，最棒的經驗是哪一次呢？

樹木　我沒辦法一個個說出哪個節目的哪個場景，但是常常出現「這個做得很好」的感受。我們邊對彼此說「要不要這樣試試看？」邊做，成功的瞬間就會有那種感覺。但是，久世先生晚年在拍《向田邦子新春系列》時，或是向田女士開始寫一些好劇本之後，他就沒再找我了。只有風險性高的工作才會上門。

是枝　當時，久世先生應該是和希林女士一起玩的吧？我們這些小孩看了《時間到了喔》、《寺內貫太郎一家》、《ＭＵ》、《ＭＵ一族》會覺得有趣，是因為感覺到大人很認真地在玩，我們也跟著雀躍不已。

樹木　我們是一起玩的，當時很樂在其中呢。

是枝　我覺得那就是「電視」。「代表作是這個，藝術性如何……」和這些無關，就是「電視」而已。

樹木　對，那是只能在電視上做的東西。

是枝　從一個一直看著久世先生、向田女士、希林女士作品長大的影迷角度來說，我覺得當時聚在一起玩耍的三個人有著不可思議的緣分。向田女士因為罹癌轉往比較認真嚴肅的方向，久世先生在向田女士過世後，與之前嬉遊過來的電視拉開了點距離，轉往《向田邦子新春系列》等作品主義的方向。

樹木　大家都轉往自己原本想要做的方向了。

是枝　希林女士在和久世先生分開後，罹患癌症，以《東京鐵塔：老媽和我，有時還有老爸》一口氣向前邁進，打破之前刻意迴避做為主角背負作品這件事，您下了將自己轉向支撐作品那一邊的決心。我覺得您們三個人各自重新規畫職業生涯的時間點，雖然錯開但同時也有重疊。

樹木　經你這麼一說，確實如此……。大家都有嚴肅認真的基礎、資質喔，只是三個人聚在一起時，如果有人表現出那一面，大家就會說：「欸，不要那麼認真啦！」維持著一起玩吧、一起玩吧的狀態。但是，我覺得向田女士後期小說中的幽默，正是因為經歷過那個階段才能寫出來的，那種難以言喻的人類的幽默，是在嬉遊的過程中培養出來的。

拍《時間到了喔》時曾發生這樣的事。據說堺正章先生在The Spiders [*26]中年紀最小，巡迴公演時不是會在旅館吃飯嗎？如果女侍不見人影，大家總會說：「小正章，幫我添飯！」但是因為走去添飯又要拿回來太麻煩了，所以他就會把飯直接丟過來，而這個動作就用在《時間到了喔》裡面。剛開始是添飯的人和接飯的人畫面互相切換播出，但久世先生說：「不行！再（把攝影機）往後退！（以一個畫面）呈現飯在空中飛的樣子！」布景的天花板不是很高，所以很勉強，「不要看（飛過來的飯）！」他不但告誡用碗接飯的我，還示範了邊看報紙邊接飯的表情，久世先生很擅長製造那種幽默感。

是枝　這個我有印象。

樹木　最有趣的是，演員的情緒是要跟上的，不能只是表面形式而已。添飯、看報紙，這些都會在日常生活裡發生，如果只是呈現出這些的話就變成馬戲團了，但要做出日常生活中發生了無法想像的事，就需要不斷不斷地找、嘗試了。

是枝　那和希林女士現在在電影拍攝現場做的事一樣呢。

樹木　對呀。如果情緒沒有跟上，無論怎麼做都不會有趣的。但是，有點子浮現一切都好說，想不到點子時，連久世先生也會把手帕放在頭上，說：「啊……這下該怎麼辦才好呢……？對了，召喚鹹蛋超人*27吧！」（笑）

是枝　後來真找了鹹蛋超人，對吧？

樹木　那真是很令人困擾的發展，況且我們的演出費一次約三萬元，鹹蛋超人的玩偶裝竟然要五萬元，「好貴啊……那把下週的份也拍一拍吧！」結果還真的拍了。

是枝　我還記得那個玩偶裝鬆垮垮的樣子。

樹木　平常穿鹹蛋超人裝的人都超過一百八十公分喔，但是堺先生沒有那麼高，所以穿起來鬆垮垮的，而且還O型腿（笑）。久世先生想到這個（鹹蛋超人）點子時都沒有人笑喔，「好，就這麼決定！」他說，那是認真想要做出有趣東西的時代。以驚人的氣勢，懵懵懂懂埋頭狂奔，現在回想起來，經歷過那個時代真的收穫滿滿。

是枝　我很喜歡《寺內貫太郎一家》第一季最後一集。女兒靜江（梶芽衣子＊28）要出嫁，貫太郎（小林亞星）為了還願要辭去石屋的工作，結果女兒說，如果這樣她就不嫁了。在這裡向田女士經常描寫的「顧慮對方的心情後行動」成為主軸，我覺得是非常精采的結尾。周平（西城秀樹＊29）睡過頭，美代子（淺田美代子＊30）說「我去叫小周起床」準備起身，靜江就說：「我去叫吧，是最後一次了，」便邊叫著：「小周，你要睡到什麼時候啊！」邊走出去。雖然是寺內家慣常的台詞，但這個早晨是姐姐最後一次去叫弟弟起床了。心有所感的夫妻（小林亞星與加藤治子）一動也不動，只是聽著女兒漸漸遠去的聲音，那一幕極為動人。

樹木　原來如此，他就是若無其事般持續做著這樣東西的人。

是枝　在充滿笑料的故事中，突然插入一個非常嚴肅的瞬間，那是久世先生連續劇絕妙之處。

樹木　確實有過那種恰到好處的時候。

是枝　拍那個夫妻的片段，多拍了半秒到一秒，演員也精準表現出「傾聽」女兒聲音的樣子。

樹木　他真的將人的情感掌握得很好，真是一段美好的時光。

是枝　那部連續劇有許多巧思在意想不到的小地方出現。像是兒子想到母親，大半夜將手套的指尖稍微剪開一點點，像這樣的小地方。

樹木　沒錯沒錯。我們和久世先生一起體驗了上下一心共同製作戲劇的趣味。

是枝　我曾讀到《寺內貫太郎一家2》後段向田女士罹癌，第二十九集和最後一集（第三十集）是由久世先生寫劇本後拍攝的。這些，希林女士和其他人都知道嗎？

樹木 嗯，但不知道是那麼嚴重的病，只知道「因為生病所以沒辦法工作」。因為以前也曾有過向田女士沒辦法寫，大家一起將劇本補齊的經驗，所以並沒有太大不了，總有種即使向田女士不在也能完成的感覺。

是枝 因為角色都塑造出來了？

樹木 沒錯沒錯，只要有大綱就能夠演下去。

是枝 久世先生的連續劇《時間到了喔》、《寺內貫太郎一家》、《ＭＵ》都是家庭劇，但是演員會替換，對吧？森光子換成加藤治子；小林亞星換成伊東四朗*31；堺正章換成西城秀樹、鄉裕美*32；天地真理*33換成淺田美代子、岸本加代子*34。只有希林女士，雖然角色換了還是持續演出，將基因一直傳承下去的是希林女士。

樹木 久世先生常這麼說：「我們導演啊，只要有一個人能理解我們的心情就夠了。」

是枝　我覺得您們斷絕往來這件事對久世先生而言應該很難過。

樹木　他好像找了不少人來代替樹木希林，但聽說也有人最後生氣地說：「我做不到！因為我們不一樣！」（笑）也許他有過「如果那傢伙在就好了」的想法吧。雖然不幸，但這個老太婆很頑強，最後還遇上了像是枝先生這樣賞識我的導演喔（笑）。

是枝　我很開心。《寺內貫太郎一家》裡只有一集是現場直播，對嗎？接著到《ＭＵ》、《ＭＵ一族》之後，就變得常常現場直播了。與其說是連續劇……。

樹木　更像短劇。

是枝　對，變成將短劇堆積起來的形式。您有問過久世先生為什麼要做現場直播嗎？

樹木　沒有特別問過。

是枝　直播的準備和連續劇相當不同吧？

樹木　對工作人員來說不一樣，但是對演員來說沒什麼不同。

是枝　一個小時的直播劇，彩排也同樣進行一個小時嗎？

樹木　沒有，不會做那麼久。有一些是事先拍好的東西，並非全部都是直播，當時設計成中間能稍微休息的形式。

是枝　《MU》的時候曾在金澤公開拍攝，對吧？

樹木　說到為什麼要選金澤，是因為他的這個（小指）是金澤人，糸魚川附近的人。我事先不知道，還想為什麼要選金澤呢（笑）。不過，每個人都有各自的喜好，無可厚非。

是枝　當時有什麼特別的回憶嗎？

樹木　《MU》、《MU一族》是在水曜劇場播出，贊助商是豐田汽車和花王。所以沒有笑點時，我們就會說：「買車還是想買Toyota Century啊！」或是「肌膚一定要用花王妮維雅呀！」等（笑）。

是枝　就是拍贊助商馬屁那招吧。

樹木　以前做這種亂七八糟的事呢，是為了彼此拉攏產生趣味。現在贊助商太多了，根本搞不清楚誰是誰，而且還會中途更換。

另外，說到直播，我在《MU一族》裡和鄉裕美二重唱短篇搞笑橋段的插曲〈林檎殺人事件〉[*35]，結果成了《The Best Ten》節目的第一名。不過登場順序是從第十名開始，所以出場時間不是在節目快結束的時候嗎？因為時間寬裕，我就拿當場找到的洋裝為範本，請美術指導裁剪一部分的服裝，將它纏在脖子上，現場體驗了所謂直播的趣味和醍醐味呢。

是枝　那個時代的久世先生，是朝著不確定是連續劇、綜藝節目還是歌唱節目的方向義無反顧向前衝，對吧？在《寺內貫太郎一家》之後，雖然向田女士的離開可能也是理由之一，但我覺得久世先生更朝向電視的本質前進了。希林女士也一起在那個時代裡狂奔了吧？

樹木　嗯，狂奔過呢。但是，我覺得久世先生漸漸變得無聊了。在《寺內貫太郎一家》裡親自寫劇本，最後一集完成時熱血沸騰的樣子，在朝綜藝節目發展、把各種事都做盡後，也慢慢喪失活力了。另一方面，我則是一直狂奔狂奔狂奔到底（笑）。那時期還同時做著《8點了喔！全員集合》*36。

是枝　競爭對手是《全員集合》嗎？

樹木　不算是競爭對手，我們大家都會上《全員集合》，在節目裡玩得不亦樂乎。但因為是TBS兩根重要支柱，還是有點涇渭分明。這一邊從頭到尾都是「演戲底子」，唉，不過可能是久世先生膩了吧，開始變得無處可去，所以時機正剛好喔，我的失言惹禍風波（笑）。

是枝　我也這麼覺得。久世先生遊戲到盡頭後要往哪裡去，雖然也受到向田女士過世的影響，但很明顯的是久世先生必須要做出某些改變的決定。

樹木　在久世先生還沒絕望時，曾有一次，他說想要安排劇中的登場人物在最後一集過世這樣的劇情。那時，對劇中的其他角色來說也是如此，想做出讓觀眾感同身受的死亡，他說：「我想拍在劇中真實活過的角色。」每週每週理所當然般出現的角色在最後啪地死去，全日本的觀眾在那瞬間屏氣，然後一起哭起來……他打算讓我做這件事。雖然不是「聽說福山雅治*37結婚了！我今天不上班！」那種（笑）。

是枝　（笑）

樹木　是像「小○○死了，我明天沒辦法上班」般無法起身、虛脫的感覺，久世先生說想要創造出那樣的角色。為了達到這點，演員必須在戲劇裡好好活著才行，而且必須是每週都會觀看的電視劇才行。

是枝　這個構想是在什麼時候聽到的呢？

樹木　應該是在《寺內貫太郎一家》拍到一半的時候吧。他說：「欸，如果全日本的觀眾都哀戚地說：『小○○死了……』，這樣很棒吧？」

是枝　我不知道和這個想法有沒有關聯，但是久世先生不會讓連續劇在連續劇裡結束，而是會打開通往外界的門。像是伴淳三郎先生在現實生活中獲頒紫綬褒章的時候，在《ＭＵ一族》中就有了伴淳先生飾演的日式短襪職人獲得藍綬褒章的劇情設定。

樹木　抱歉，我沒有印象了。

是枝　像那樣把時事的素材放進戲劇裡，我覺得這是電影和電視不同之處，也是電視的特質，而久世先生對這些地方十分敏銳。

樹木　確實。

是枝　在《ＭＵ》裡也是，岸本加世子演的角色有「淺田美代子和吉田拓郎[*38]結婚了」這種提及現實生活事件的台詞。淺田小姐曾演出《寺內貫太郎一家》、《時間到了喔》，因此將那個演員的事做為連續劇的精髓貫穿。一般的連續劇製作人習慣排除現實生活的事件，把故事局限在虛構的框架裡，但是久世先生卻會刻意打開兩者間的界線。這絕對不會提高作品的完成度，但那正是電視吧。

樹木　因為他就是這樣做過來的。久世先生說：「美代子被最糟糕的男人吸引了啊，」於是故意將《ＭＵ》裡主角（鄉裕美）的名字取為拓郎。像那樣大刺刺操弄別人的醜聞，輪到自己的醜聞時就向ＴＢＳ提辭呈，瞬間就淪為普通人了。

是枝 原來如此。

樹木 我想男人應該都是這樣吧。瞪大眼睛看著周遭，覺得只有自己隱藏得最好，男人常有這種特質，很有趣。不過，久世先生託辭職的福才寫了本書，以作家來說一本非常出色的書，於是我想，這不正是失言惹禍的我的功勞嗎？（笑）

是枝 久世先生有一本名為《顛倒》[*39]的連作短篇集，在裡面出現的女演員彌勒小姐是以希林女士為原型吧？

樹木 對，是我。封面的插圖也很像我喔，那時的久世先生非常有文采，著眼點也十分有意思呀。

不再收到向田邦子作品的演出邀約

是枝　可以稍微詢問關於向田女士的事嗎？向田女士過世前和您已經沒有親密往來，也不會去希林女士家拜訪了嗎？

樹木　已經完全不親了。因為我覺得向田女士交出像《寺內貫太郎一家》那種電視劇小說般、只是唰唰唰地寫出來的糟糕小說很可惜，向田女士應該也覺得像我這麼麻煩的人很討厭吧。向田女士罹癌康復後，開始寫一些更深層的作品，也獲得了直木獎。即使在NHK拍向田女士的電視劇，也完全沒有來找過我。

不過她過世時，有報社打電話來採訪……八月二十二日。雖然很年輕，但與其說人生落幕，她的名聲已經流傳下來了。她轉往認真嚴肅的路線發展後寫出了佳作喔，久世先生也是，我覺得很棒（笑）。如果沒遇上這兩位的話，我的人生應該會很無聊吧，對向田女士來說應該也是。我們以前會一起去吃午餐，「你要點麻婆豆腐套餐，對吧？那我點餃子套餐，兩個人分著吃！」那時我們處得很好。

是枝　您會去向田女士在青山的公寓嗎？

樹木　我常常去。在買那間公寓前，她住在我家旁的西麻布，那時候我們就認識了。比起我，向田女士的收入應該更高，她那棟青山的公寓很貴呀。……不對不對，等等，應該有一堆更好的故事可以說才對。

是枝　（笑）快回想起來。和向田女士有一起去旅行嗎？

樹木　沒有耶。大家一起去團體旅行可能有，像《寺內貫太郎一家》裡大夥一起去之類的。《ＭＵ》的時候也有去埃及*40，但當時向田女士已經生病了，才四十歲而已，還很年輕啊……。

是枝　向田女士是五十一歲去世的吧？真的太早了。向田作品的前半希林女士有參與演出，後半則是加藤治子女士經常出現，您有聽說過關於加藤女士的事嗎？

樹木　因為加藤女士沒辦法演那些喜劇、綜藝節目之類的，所以在拍《寺內貫太郎一家》時她卓越、閃耀的才能並沒有被發掘。向田女士往嚴肅路線發展後的作品正適合她，我想加藤女士的存在對向田女士來說應該很重要吧。

是枝　應該是吧。向田女士過世後，久世先生重製了許多向田女士的作品，希林女士怎麼看那個系列呢？

樹木　我覺得很棒喔。久世先生果然很擅長製作戲劇。但是，因為沒有嬉鬧的部分或喜劇的成分，我覺得有點……。是枝先生，你有看過《老師的提包》*41嗎？

是枝　當然看過。

樹木　我在那裡面飾演吃笑菇的人喔。

是枝　嗯，非常有意思。是師母的角色，和老師（柄本明*42）兩人去野餐，結果吃下了笑菇吧。

樹木　對對。但是，久世先生完全沒有指導我喔。

是枝　有點疏遠了嗎？

樹木　哪裡談得上疏遠，是完全沒接觸。但久世先生對飾演主角的小泉今日子[*43]非常用心，這點很好。

是枝　小泉小姐說她的戲全都是久世先生教的，她說在久世劇中學到很多東西。我覺得久世先生開始拍《向田邦子新春系列》時，對久世先生來說最重要的存在是田中裕子。田中小姐演技精湛，據說其他演員還說過：「就算要求我們做到田中小姐的程度，我們還是沒辦法喔。」您有與久世先生聊過田中小姐嗎？

樹木　一次也沒有。和桃井薰[*44]一起拍戲時，久世先生對桃井薰有興趣，之後田中裕子出現，他的目光大概就轉向那邊了吧。

是枝　從作品裡也能看出來。

樹木　大概是因為田中裕子小姐以女演員的角度來說並沒有特別優秀吧。

是枝　我覺得對田中小姐來說，與久世先生相遇也是很關鍵的事。在《向田邦子新春系列》裡，田中裕子小姐也是、小林薫[*45]先生也是，身為演員的素質都大幅提升了。

樹木 因為久世有讓演員提升能力的才能。

是枝 確實，無庸置疑。希林女士不想和田中裕子小姐一起演出嗎？

樹木 沒有那回事，不過對方應該不想吧（笑）。

是枝 會嗎？

樹木 因為我很強勢啊。雖然在是枝先生的電影裡不是那樣，但只要一不留神，就會做出一些離經叛道的事（笑）。之前曾和久世先生一起瞎胡鬧的時候，不經意就會跑出來。就算沒有人要求，一不小心就會故態復萌。

——

曾有好幾次，一起參加完電影殺青後的宣傳活動，或是請希林女士幫忙擔任廣告旁白離開攝影棚時，被問道「現在有空嗎？」而一起享用遲來午餐的經驗。大多是去熟悉的壽司店，或是代官山名為小川軒的西式料理老店。希林女士住家離我的事務所很近，也曾有過突然打電話來告知「我現在過去」，然後立馬現身；或是在我外出時和西川美和*46或年輕的工作人員暢飲紅酒，閒話家常後回家。

「你，看過那個了嗎？」

被這麼問通常都是希林女士評價很低的時候，如果我的看法和她有出入，覺得「滿有意思」的啊！

「咦……哪裡？」

她會這麼追問。如果那是和彼此無關的外國電影，她會說：「咦……還有這種觀點啊，真有趣呢……」話題就此結束，但如果片子的導演或演員是希林女士認識的人的話，就沒這麼容易了。

以前曾被問：「你喜歡怎樣的編劇？」我完全不經思考就脫口而出：

「最喜歡向田邦子。」希林女士的臉當場變得僵硬起來。

「咦……例如什麼?」

「這個嘛……我想想,《宛如阿修羅》啦、《冬季運動會》[*47]啦……」

「啊……是和我疏遠之後啊……」

希林女士邊說,邊露出既非鬆一口氣也非嫉妒,而是一種不可思議的表情。

對希林女士來說,向田女士和久世先生一樣都是在電視上認真玩耍的夥伴,但據說在攝影棚裡經常發生怎麼等也等不到劇本,就算寄來了也只寫到一半,然後註記著:「接下來就拜託了!」於是希林女士和堺先生及淺田美代子小姐只好一起努力構思到深夜才終於完成播出。所以我推測,不是主要作家的《時間到了喔》當然不用說,對於將《寺內貫太郎一家》稱為向田邦子作品這件事,希林女士心裡有點芥蒂。

將久世先生的名字做為喜愛的導演提出來時，希林女士的反應也相去不遠，總是從否定開始。

「那個人沒有耐性」、「滿腦子只想著這個（小指）的事」、「好壞表現差異太大了」。

從那些言詞裡，我看穿了那是在離他最近的位置一路看著他，才能說出的愛恨參半的情感。此外，我很羨慕久世先生擁有批評言論如此犀利的夥伴。

如果那時久世先生沒有過世，電視連續劇版《東京鐵塔》的老媽由希林女士來演的話，不知道會是什麼結果？

我一面思考，一面回頭重看二人組重新搭檔的兩部連續劇。那是二〇〇三年於WOWOW播出的《老師的提包》，與二〇〇四年於TBS播出的《向田邦子的情書》*48。

希林女士一如往常發揮她的獨特風格，留下令人印象深刻的存在感，但如她所說，久世先生似乎沒有餘力在一旁玩樂了。森繁久彌先生也有參與演出《向田邦子的情書》，可惜的是和希林女士並沒有交集。而且，在這部作品裡，森繁先生不知道是年齡、設定還是導演的問題，在描述戰前時代的《向田邦子新春系列》中我完全感受不到的「陳腐」，卻在這部描寫一九六〇年代東京的連續劇裡感受到了，真的非常可惜。總是和「當下」面對面、風格新穎的久世劇，初次讓我感到庸俗。感覺敏銳的希林女士一定也嗅聞到這點，若是如此，對於受邀演出這件事，希林女士會抱著疑問也是必然的。她大概會想，自己演出久世劇已經不能再為作品帶來什麼貢獻了吧。

在《向田邦子的情書》中，希林女士的角色是，飾演向田邦子的山口智子[*49]的戀人[*50]之母，那個母親坐在走廊，一面難過兒子自殺的事，一面唸著齋藤史[*51]的短歌，那一幕讓人難忘。

那我告辭了如此說著開門離去所謂人生並非如此

這首短歌收錄在一九七六年出版的《遍紅》[*52]這本詩集裡。以齋藤史的人生階段來看，那是一九七三年丈夫因腦中風住院，同時要照顧丈夫和年老失明母親的時期。這和向田邦子的戀人病倒、身體不聽使喚的狀況雖然有許多重疊的部分，但是和連續劇設定的時空背景卻大不相同。

是誰刻意讓希林女士跨越時空唸出這首短歌的呢？在箭內道彥[*53]先生出版的免費刊物《風與搖滾樂》[*54]訪談中，希林女士有提及這首齋藤史的短歌。

年老後依舊美艷是否　有如花朵萌芽與凋謝同樣美好

一面引用這首短歌一面說：「我的起始雖然不怎麼好，但接近終點時希望能到個絕佳之地。」

在公開場合提及齋藤史，久世先生比希林女士還更早。一九九五年出版的《陛下》*55是一本以二二六事件*56為主軸的小說，在最後一章開頭，用的是齋藤吟詠這個事件的短歌。

回應破曉巨響的吶喊天上怪獸須臾消失無蹤

其實在久世先生集結森繁先生所述而成的《大遺言書》中，一篇標題為「目送好幾次死亡」的文章裡，也有關於齋藤史的敘述。

這個四月，詩人齋藤史過世了。受到昭和十一年二二六事件牽連，一群一起長大的男性友人被處以酷刑，和血吐出這首詩〈生於存在暴力的美麗世界　我終日唱著搖籃曲〉，年逾八十的晚年則詠唱著「友人們被處刑填於老死間　那是幾度春天的花謝」，終結漫長昭和歲月的齋藤女士，結束了九十三年的暮色生涯。

這篇文章是二〇〇二年寫的，在電視劇播出前兩年。二二六事件久世先生曾在連續劇（一九八七年《麗子的腳》）和文章中數度提及，他很重視的事件。我推想，決定在《向田邦子的情書》中引用齋藤史短歌的，應該不是編劇也不是希林女士，而是久世先生吧。

在編劇小林龍雄*57所著《久世光彥vs.向田邦子》*58中，提出關於引用短歌的疑問：「看了之後比起兩人的悲傷，短歌給人留下的印象更深刻，」並以「他對那種事再清楚不過，但他不惜破壞作品的平衡也要將自己的價值觀放入作品中」下了結論。說不定真是如此。但是，使久世介入劇中的，並不是他自己，而是「當下」，不是嗎？齋藤史過世後當下的時代、當下的心情（雖然那的確可能也是久世先生自己的心情），如日記般被記在連續劇裡。因為那正是他一直以來的做法。

現在回頭看，希林女士雖然充分理解身邊的人會有難以預料的勞心傷神，

但她還是說出：「那我告辭了。」

關上門，完美地踏上從生到死的旅程。

齋藤史還寫了下面這首短歌。

你是死人我是老了的活人　兩者間距離比其他都近

《向田邦子的情書》製作時，久世先生意識到的「死者」無庸置疑是向田邦子。對於遇到我之後的希林女士來說（雖然希林女士一定不會承認），那

個「死者」大概是前年過世的久世先生吧。而對於與希林女士相識時的我來說，無庸置疑是我母親。

演老婆婆時的訣竅和點子

是枝 收到演出邀約時，您的取決標準是什麼？

樹木 演出費的多寡。

是枝 （笑）雖然您一直這麼說，但其實不是那樣吧？

樹木 就是那樣。此外就是邀約的先後順序。

是枝 但我覺得有些是，因為您喜歡那個電視或電影導演，而再次參與演出的。

樹木 有嗎？

是枝　深町幸男先生，是吧？

樹木　深町先生確實是這樣。

是枝　因為《夢千代日記》拍得很好嗎？

樹木　對呀，而且那還成了吉永小百合小姐的代表作。

是枝　您和小百合小姐在那之後也持續合作吧？像坂東玉三郎[*59]先生執導的《夢之女》[*60]等。

樹木　那部我覺得小百合小姐真的很努力。

是枝　演技確實非常精湛呢！

樹木　最後那一幕，做了深川洲崎河堤的布景，我記得小百合小姐一直在背很長的台詞，而玉三郎先生則是具體地給了她衷心的建議。我很喜歡《夢之女》裡的小百合小姐。

是枝　他給了什麼樣的建議呢？

樹木　他示範給她看。小百合小姐是一個因丈夫去世而賣身，成為優雅妓女的角色。有一幕是在座位上主人對她說：「你也來一杯吧？」邊把杯子遞過去，小百合小姐說：「那我不客氣了！」的場景。結果玉三郎先生說：「小百合小姐，那樣就變女學生了！不要說『那我不客氣了』，請用肩膀來喝酒，你現在是用嘴巴喝酒。」不知道該怎麼做才好，對吧？結果玉三郎先生就做出用肩膀回應的動作，接著說：「用下巴來喝，」也做出把杯子拿到下巴的動作給她看。

是枝　所以才能表現出那種魅力呀。

樹木　玉三郎先生自己也算是演員，所以不會在大庭廣眾下批評演員的演技。我也是，他會私下靠過來說：「希林女士，那個啊。」他絕對不會讓你在大家面前丟臉，玉三郎先生的那種特質和小百合小姐很合拍。

拍攝靜止畫面時新娘禮服的脫法也是，玉三郎先生會指定角度說：「再來。好，再脫一點，脫下來，好就是這裡！」篠山紀信*61先生只是按下快門而已（笑）。走路姿態也是，小女孩和碰過男人的女人走路方式不同啦，正經女老闆和歡場女子不同啦等等，他傳授了各式各樣女人最有魅力的樣子。那是玉三郎先生的功勞，非常絕妙。

是枝　您演出鈴木清順先生的《流浪者之歌》[62]有什麼機緣嗎？

樹木　在一間叫夜樹社[63]的事務所工作時，《流浪者之歌》來邀請大楠道代[64]演出。於是我也問說：「有沒有什麼角色啊？」他說有老太婆的角色，我就說：「啊，那好，我演。」（笑）

是枝　所以是因為大楠小姐才牽上線的。

樹木　那時的鈴木清順先生還沒出名，但是因為田中陽造[65]先生的劇本很有趣，我就說：「試試看嘛！」順帶也讓我演了抓鰻魚的老太婆角色，但是很噁心耶，那個鰻魚。之後我也偶爾會參與清順先生的作品，但是他對我而言並不是那麼令人驚嘆的導演。

是枝　最近我回頭看金嬉老事件[66]的《金的戰爭步槍魔殺人事件》[67]這部連續劇，希林女士飾演的是金嬉老的媽媽。

樹木　拍戲期間，金嬉老的律師跟我說：「我常去熊本監獄探監，您們明明臉長得完全不像，但是卻一模一樣。」我問：「是哪裡像呢？」他說：「完全就是希林女士演出來的那個人。」播出當時甚至還被說：「樹木希林一直掩飾她是在日韓國人這件事。」

是枝　您實際上沒有見過他媽媽嗎？

樹木　沒有，但是，你不覺得演得很成功嗎？

是枝　我覺得演得很成功，所以留下很強烈的印象。希林女士那時才四十多歲，對吧？

樹木　演老太婆角色時我總是會將腰到褲襠這段變長，穿著不太會顯露出腿形的工作褲，但是上了年紀的韓國人腰到褲襠的部分很短，我想那應該是關鍵，所以在鐵軌那一幕就用那種方式走了，拿著一公升的瓶子走路的影子被說是韓國人喔，我確實有刻意以比較相近的體型來演。心情上則是，和《比海還深》一樣，想著無論如何兒子都很可愛來演。我也有像那樣出乎意料的美好時期呢（笑）。連小武（演金嬉老的北野武*68）也這麼說：「希林女士和其他演員出場時差距太大了，和其他人合不來啦。」

是枝　只有您一個人寫實得很極端。

樹木　但是我沒有打算那麼做呀。韓國人不是很強悍嗎？我常在機場看到對著兒子怒吼的母親，我只是將像那樣偶爾接收到的情報連結在一起而已。穿衣服時也像剛剛所說的盤算過，所以服裝……打扮占了八成（笑）。

是枝　也就是用體型來表演嗎？

樹木　嗯，用體型，那絕對是靠體型，年紀大了就是那樣。所以我不曾在臉上畫過皺紋，我都是用體型來表現。年紀大了身體就會愈變愈小，只是這樣而已。

是枝　說到塑造角色，久世先生寫道，在拍《寺內貫太郎一家》時，希林女士搭著電車開始觀察某位偶然遇見的老太太，結果就跟著她到老人安養院去了。

樹木　我不會做那種事喔。

是枝　是久世先生有點誇大其辭嗎？

樹木　嗯，誇大很多（笑）。不過，因為我身邊有很多老婆婆，老婆婆全都很頑固，一點也不退讓，我一直觀察這些地方。我不會去思考「年輕人眼裡的老婆婆」，只是剛好上了年紀，但是「這個人的心境還保持得跟年輕時一樣呢」，我會這麼想。人類不管到了幾歲都是一樣的，只是體型改變了。所以我不會扮演老太婆，我只是把自己原本的樣子表現出來而已。

是枝　向女演員提出年長者角色的演出邀約時，因為許多演員都會覺得「我還很年輕」，所以會想演出老人的樣子，但希林女士不會這樣。

樹木　不會耶。

是枝　這點很棒。

樹木　特別是女演員，大家都覺得自己還沒上年紀，因此會想，到了這個年紀的話應該會這樣吧，然後去把它演出來。更誇張的人，平時總是把白髮染成咖啡色，為了演戲明明只要把頭髮弄回原來的顏色就好，卻又在咖啡色上面染上白色，那麼做頭髮就會變得像利尻島的朦朧昆布一樣了（笑）。我覺得只有那樣並不是老婆婆，其實不用特別扮老，只要原來的樣子就可以了……。

是枝　這也是久世先生寫的，希林女士在《寺內貫太郎一家》中演老婆婆角色時，戴著指尖稍微剪開的手套是希林女士的點子，對嗎？

樹木　雖然是我的提案，但那只是因為我討厭化妝而已。三十歲左右時手還很漂亮，沒有青筋也沒有什麼別的，簡直可以去當手模。但是，在畫面上也會拍到手，不是嗎？因為看起來不像老婆婆的手，那就需要每次都在手上化妝才行了。

是枝　畫上一些皺紋之類的。

樹木　因為那很麻煩，所以我才決定戴手套，然後把指尖剪破。

是枝　原來如此。

樹木　沒錯。我全都以效率為優先考量。

加藤治子看戲的眼光不會錯

是枝　我想再詢問一次關於加藤女士的事。您是什麼時候認識她的？

樹木　《七個孫子》的時候，在那之前則是一起在文學座裡。加藤女士是所有人憧憬的對象，深受大家喜愛，大家叫她「小治子」。她原本就是擔任Enoken（榎本健一＊69）先生搭檔出身的女演員，可以說是文學座裡大家的偶像。雖然我常欺負她（笑）。

是枝　在戲裡嗎？

樹木　不是，私底下開玩笑，像是「為什麼那種丈夫會有小三啊？」之類的。不過，她都會順著我的話回應。

是枝 她比希林女士年長二十歲左右吧？

樹木 比我大二十二歲，她是個即使上了年紀還是很可愛的人。加藤女士家門前常有各式各樣的人帶著花，想進去又不敢進去，就這樣佇立在門外。像是導演啦、指揮家等等。

是枝 簡直是聖母瑪利亞。

樹木 對，就是聖母瑪利亞。我很喜歡她的原因是，加藤女士看戲的眼光從不會出錯，只是這樣而已。雖說只是這樣，但卻是非常厲害的事，那應該是在文學座培養出來的東西吧。我想也是她和丈夫加藤道夫*70先生、芥川比呂志先生、三島由紀夫*71先生等頂尖人士長期往來的成果。她演戲一點不落俗套，非常精準，所以聽了加藤女士的評語，我想：「所謂演員必須要以那種境界為目標才行啊！」她真的非常擅長扮演好人家妻子的角色，但是，她曾因為喜歡描寫一般社會故事的戲而嘗試演出，結果卻演得很糟。因此我就說：「為什麼你明明那麼懂戲，還會演成那樣呢？」沒想到她又順著我的話回答：「就是說啊！」（笑）我很喜歡她這點。

是枝　但是，她對跟自己對戲的人要求很嚴格，不是嗎？

樹木　她可以面不改色說出：「演成那樣的人，沒資格活在這世上！」這個特質很棒，我也認同「就是那樣」！

是枝　她會在什麼場合說出那種話呢？

樹木　我們見面的時候幾乎都是這種話題，一起吃飯時也是，總之演戲的話題非常有意思。

是枝　以演員來說，加藤女士有認可誰嗎？

樹木　如果是現在還活著的人的話，山崎努*72先生。以前的人則是剛出道的松田優作*73之類的。在久世先生的連續劇中和松田優作拍愛情戲時，明明不需要脫衣服，但她卻把上半身脫掉，露出自己絕對有自信的部分，真的很可愛。

是枝　真可愛（笑），我懂。

樹木　大概不會再看到這樣的女演員了吧……。雖然有類似的人出現，但是大家都太聰明了。有時候稍微賣弄點小聰明就會陷入危險，像加藤女士就沒有那些小聰明。即使到了九十歲，她還是把頭髮染成漂亮的粉紅色、剪成妹妹頭，她說：「我已經沒辦法出門了，我不想被拍到。」但是，她的遺容真的很美，應該是真的認真活過了吧，她的演員人生。

是枝　您到她過世前都還持續往來吧？

樹木　對呀。她打電話來說：「欸，我想要買眼鏡耶。」「好好，要去哪裡買呢？」「TBS附近轉角的這一側不是有眼鏡行嗎？」「嗯嗯，電線桿那裡吧，要約幾點？」像這樣的對話，但我知道加藤女士不會來，所以我也不會真的去（笑）。

是枝　不會來嗎？那她只是想找人聊天吧。

樹木　沒錯沒錯。那之後我還是打了電話去確認，結果照顧她的人說：「不好意思，她已經睡著了。」

是枝　她和杉村（春子）女士的關係如何呢？

樹木　杉村女士認可加藤女士說：「她擁有我所沒有的美好的東西。」但是，加藤女士並不是什麼都做得到的那種演員，所以該說她們兩個不會互相比較嗎？在文學座裡她們的類型定位也不同。

是枝　您覺得森光子女士和加藤女士最大的差異是什麼？

樹木　……我也到了可以說這種話的年紀了嗎？……舉例來說，不同的是，一個是為了獲得文化勳章而拚命努力的類型，另一個則完全相反，我覺得基本上她們所走的路就不一樣了，所以演出自然也不一樣。

是枝　在《時間到了喔》裡和森女士同台演出時，即使有交集也不怎麼有趣嗎？

樹木　應該是說，森女士並沒有把有趣當成她的目標吧。不過她是個好人，她會帶伴手禮來，也會關心我，但那和演戲是兩回事。反過來說，像我這樣的演員對森女士來說應該也很困擾。她有名氣響亮的作品，應該也被稱讚過

「那個真厲害啊」之類的，但是以我與她相處的經驗來說，我沒有感覺到那部分。雖然能感覺到她隨和的個性和可愛的地方，但我覺得那和演員所需要的東西不太一樣。杉村女士常這麼說（模仿聲音）：「我啊，個性不好完全沒有關係喔。但是把戲演得很奇怪的人，我最討厭了！」（笑）

是枝　學得真像（笑）。重看之後，我覺得森女士的發音非常漂亮，台詞能夠聽得很清楚，在專業性的部分也有令人敬佩的地方，但是並沒有和演對手戲的人擦出火花，演出好像沒有交集，只是自己一個人演完而已，我說得沒錯嗎？

樹木　沒錯。應該是《時間到了喔　昭和元年》*74的時候吧，有一幕是我演的老婆婆倒下快要死了，森女士跑過來竭盡全力流著淚說：「奶奶！你為什麼要這樣！」導演喊卡之後，我對森女士說：「你的情緒完全沒有傳達過來耶。」（笑）

是枝　太厲害了。

樹木　結果現場頓時鴉雀無聲。森女士那時也在演舞台劇，應該是舞台劇散場後過來趕場的，在舞台劇的演出裡，發聲方法和表演方式都和電視完全不同，不是嗎？於是明明比森女士年紀還小的我改口說：「那個，不好意思，情緒完全沒有傳達過來耶，這樣可以嗎？」我真是個討人厭的傢伙啊（笑）。我常常厚臉皮地說這種話，反正我就是這種人，跟對象是誰沒有關係。

是枝　這點說不定在加藤女士身上也適用。

樹木　沒錯。不過，加藤女士是會仔細考量說話時機的人。我則是森女士眼淚愈流我愈感到尷尬，明明可以不要提出質疑，只要說：「大家辛苦了！」然後回家就好了。

是枝　但那正是您的優點，不是嗎？

樹木　我不知道算優點還缺點耶，貫徹那種個性的結果，就變成這樣任性的人了喔，所以才會得癌症的（笑）。

是枝　您和加藤女士有吵過架嗎？

樹木　我們不會吵架，只有我單方面地說話欺負她而已，我也是，常常自己邊淌血，邊說出傷害別人的話。我常被說：「你很壞耶！」不過接著又說：「但是說得很好，你怎麼可以理解得這麼透徹啊？」（笑）「是因為壞的關係喔！」我索性這麼回答了。我真的很壞呢，為什麼會這麼壞呢？真慚愧，很慚愧喔，真的。

像我這種連舞台劇代表作都沒看過的人，實在不夠格只看電視劇就對森光子的演技說三道四，我也不斷反省，訪談中我的發言太僭越了。雖然是為了聽到希林女士真心話而拋磚引玉，但是用詞似乎有點超過。總覺得，希林女士對森光子的批評，說到底是跟最喜歡的加藤治子女士比較之後的結果，應該也是與加藤女士一起演戲真的那麼令她開心的證明吧。

加藤女士出過一本名為《一個女人》*75的自傳（採訪者是久世光彥），裡面提到在向田女士的連續劇中，《寺內貫太郎一家》系列的拍攝是最快樂的。久世也依據這番話，下了「光與影，明亮與微暗的安排恰到好處，向田女士內心裡的，完整而溫暖的部分如溫泉般四溢」的評語。希林女士的心情想必也相去不遠。

雖然沒有在此重新寫下的必要，但是在日本家庭劇發展史裡，森光子的出現與其創造的嶄新母親形象確實具有劃時代的意義。

森光子初期在電視裡飾演「母親」，TBS有一部名為《天國的爸爸，你好嗎？》*76的作品（後來成為大受歡迎的系列作，播出了二十一集），擔任導演的鴨下信一描述，這個角色「需要森光子寫實紀錄片般的藝術風格」。他評論道：「不用敬語說話、幾乎與現實生活一模一樣的母子吵架場面新鮮至極。母親以兒子＋女兒（在同一個檯面上，同樣思考著問題）的角度思考問題在此之前從沒有過。」（取自《TBS調查情報》二〇一一年十一、十二月號〈電視日記〉)。

久世也是給予森光子高評價的導演之一，有趣的是，在《思慕的人》*77這本散文集裡，他舉出森和田中角榮寫道，他們會記住所有工作人員的名字或綽號，在拍攝現場不是叫「小道具先生」、「燈光小姐」，而是「小蝦，來一下」、「小寅，這個麻煩你」這樣叫著。對希林女士來說，這樣的用心反而令人感到討厭也說不定。

話雖如此，但像在向田邦子的《父親的道歉信》*78裡收錄的〈小與大〉這篇散文中，有個悠木千帆充當導覽帶森光子去向田女士新落成的大廈拜訪的片段。裡面有「我(向田)以前寫過兩位演出的連續劇劇本」的字句，試著將「六年前買了公寓」的文字和時間點比對後便可得知，向田離開霞町的公寓搬到南青山五丁目大廈是一九七〇年的事，因此在這篇散文裡森光子和希林女士去大廈拜訪時為一九七六年。此時向田女士正在撰寫的，無疑是隔年十一月開始播出的《靜子宙太郎——忍宿借夫婦巷談》*79。

那是以東京下町神田的葬儀社為背景的連續劇，角色設定森是住在公司的女員工，希林女士則是社長的情婦（順帶一提，社長夫人是加藤治子）。如果說希林女士和森女士除了拍攝之外還會像這樣互相往來，推測當時兩人的關係應該不壞。

演員們，以及丈夫們

是枝　還想問一些與您一起演戲的演員的問題。希林女士也有演出寅先生那部戲吧？第三部曲《男人真命苦3　戀愛大放題》*80。

樹木　嗯，在跑字幕前的一個場景。

是枝　那是個信州的女傭角色，卻很令人印象深刻。

樹木 不過那部，導演不一樣喔。

是枝 是森崎東[*81]先生吧？不是山田洋次先生。

樹木 對。從那之後我就經常和渥美清先生一起拍戲，像《搞笑夫婦》[*82]之類的。

是枝 在電影裡寅先生那部是第一次合作嗎？

樹木 電影只有合作過那一部。

是枝 那麼那個一起出現的畫面就很珍貴了。

樹木 雖然不知道算不算珍貴，但現在回想起來，我很希望能和全盛時期的渥美先生一起拍電影。當時以為渥美先生會長命百歲，因此沒想那麼多。

是枝 渥美先生在輕快中又帶有讓人無法參透的憂愁，雖然現在已經極少見了，但在演員中確實有那種類型的人，像森繁先生、Frankie 堺[*83]先生、渥美先生。我覺得那個世代特有的輕快和哀愁非常珍貴，雖然我不太明白其中的理由，因為是經歷過戰敗的世代嗎？

樹木　森繁先生的臉沒什麼個性，對吧？是張非常普通的臉。但是堺先生啦、渥美先生則是看過一次就很難忘記的臉，所以選角的人會避免找他們來演普通的角色，有點可惜。雖然這麼說不知道合不合適，但我覺得渥美先生在全盛時期，應該也想結束寅先生的身分去演一些不同的角色吧。

是枝　也許是持續演了那麼久之後，背負的包袱變得太大而讓他無法辭退也說不定……。您有其他想要一起演戲的對象嗎？

樹木　嗯……雖然因為戲路不同所以沒遇過，但我想和高倉健*84先生認真合作一次試試。已經找不到像他那樣徹頭徹尾適合演黑社會的人了。那個人在演黑社會的時期，如果我是現在的年紀的話，真想演演看某個角頭老大。高倉健出乎意料很懂演戲，他似乎和我一樣，故意不演淺顯易懂的戲喔（笑）。

是枝　您提到高倉健先生讓我滿意外的，您是在什麼時候發現他很懂演戲的呢？

樹木　《今後，海邊的旅人們》*85這齣電視劇。主角是健先生，他演一個很年輕就入住養老院的角色。因為懂所以演得很壓抑，我看得出來。在那之前我只覺得他是個好男人，會唰地把刀拔出來之類的，是個明星（笑）。

是枝　那就是「演員」。

樹木　看起來像是沉默著什麼都不做，但其實是深入感受後才這麼做的，能夠很清楚看出他是個優秀的演員。健先生也是這樣，渥美先生也是，這些風靡一世的人，都不是僅靠運氣而成功的。雖然不是像勝新太郎*86先生般從一開始就技術純熟又愛好演戲，但大家都有朝那裡前進的本事。這種事我是到現在才慢慢理解的，沒能一起拍戲真的很可惜。

是枝　您和勝先生也沒有合作過？

樹木　不，有合作過喔，在《續篇．醉博士》*87之類的。但是沒有在勝先生全盛時期合作過。我們私底下滿熟的，所以會覺得真的很可惜。

是枝　和勝先生一起拍戲應該很有趣吧？他是個在電視上也表現得很隨性的人，我覺得他和希林女士會非常合得來。

樹木　他都叫我悠木，他說：「悠木，大家都在你背後追著你的表演跑，對吧。像桃井薰、田中裕子。但是，至今沒有人超越你喔。」我說：「這種事，請說大聲一點。」（笑）還有，我對演出《影武者》[*88]的勝先生說：「勝先生，你明明可以不要演那種東西的。」結果他回：「悠木，就算是黑澤先生也會有不好的作品喔。」（笑）

是枝　確實《影武者》會因為是勝先生演的而讓人想看。看了黑澤先生的素描草圖，完全就是以勝先生為原型畫的。

樹木　我有跟仲代達矢[*89]先生聊過，我問：「仲代先生，很痛苦，對吧？」邊想著世事難料邊演出……「很痛苦。」他說。

是枝　真不容易。

樹木　在任何時代都是。唉，像勝先生那麼沉迷於演戲的演員，現在真的不存在了呢。

是枝　勝先生應付記者的方式在某些地方十分有趣，和希林女士很像呢。

樹木　勝先生在和喜歡的女演員拍戲的時候很煩人喔（笑）。在《座頭市》*90裡刻意把和樋口可南子*91一起洗澡的場景拍得很長。真的很可愛。

是枝　那田中邦衛*92先生怎麼樣？

樹木　田中邦衛先生雖然很棒，但該怎麼說呢……一成不變。不過，他的武打戲很有魅力，在《追捕》*93這齣連續劇裡，田中先生飾演名為「杜」的檢察官，武打戲非常精采又有魅力。不是猛地砍過去，而是身體撞過去的那種感覺，肉體碰撞的聲音也十分出色。我覺得各有各優秀的地方。

是枝　您和松田優作先生呢？

樹木　在六月劇場*94裡，他以實習生身分入團後見過一次。

是枝　在那之後呢？

樹木　在《再見了，朋友們》*95這部電影裡合作過喔。我演他姐姐，那時，我曾對優作說：「你啊，不可以演得和小健（萩原健一*96）一樣喔。」

是枝　在那個時期，松田先生應該很崇拜小健、原田芳雄先生吧。現在的想法可能相反，但他起初很明顯是從模仿小健和原田先生開始的。

樹木 但是我覺得他沒把我的話聽進去。

是枝 不過他自己應該也知道吧。

樹木 那之後過了很長一段時間，從《家族遊戲》[*97]開始大幅改變。

是枝 那小健怎麼樣呢？

樹木 我總覺得很可惜。

是枝 對我來說他是我在那個世代最崇拜的人。

樹木 《前略母親大人》[*98]之類的，很有吸引力呢。

是枝 非常有魅力，我看了幾十次，真的很喜歡。

樹木 在《傷痕累累的天使》[*99]裡也很有魅力，真的很可惜。

是枝 我能詢問關於文學座的分裂風波嗎？一九六三年，文學座的二十九名核心、年輕劇團成員退出，以芥川比呂志為中心組成劇團雲[*100]，但是希林女士繼續留在文學座？

樹木　嗯。他們說：「不打算待在只有老太婆和年輕研究生的劇團裡演戲」之類的話，橋爪（功）先生、山崎（努）先生、加藤治子女士、岸田今日子*101女士等菁英全都到雲那邊去了。因為我沒有那種想法，所以就留下來了。不過，留下來的人又出現創新改造的規畫，我就跟著過去了，真是沒什麼主見呢。

是枝　那是岸田森*102先生組成的六月劇場吧？那時希林女士已經和岸田先生結婚了。

樹木　……我是很想說的喔，但是，我家老爺……。

是枝　很介意嗎？（笑）

樹木　「誰知道你的那種事啊！」他說。我說：「不是啊，不是那樣，那已經是過去的事了。」之類的，他說：「我不承認！」還說「那我呢？」（笑）

是枝　岸田先生是非常智慧型的演員。

樹木　……我想如果沒遇到我，岸田森先生應該還活著吧。因為遇到我，他開始喝以前不會喝的酒，變得非常奇怪，我覺得他早逝的原因在我。

是枝 為什麼？

樹木 和我的離婚風波等等，各種事。如果我是岸田的母親，我會氣到把對方殺掉也不足以洩憤的程度。雖然實際上並沒有真的發生什麼事，但她一定覺得兒子遇到像我這樣的人可憐至極。但也沒辦法，一切都是緣分。但反之，也有事到如今才令人感到很慚愧的部分。

松田優作十六歲進入六月劇場當實習生，而後，應母親要求赴美念高中，回來後就加入了文學座。正好在我想著「這孩子真努力」之際，我被找去《偵探物語》[*103]客串演出，於是我一口答應。對松田優作來說，在六月劇場遇見岸田森、草野大悟[*104]和我，這些算是在演員的起點相識的人們，所以……。

是枝 他非常重視你們吧。

樹木 嗯。聽說有一次啊，在原田芳雄先生家中，內田裕也先生和岸田先生起了衝突，於是優作和大家就費盡心思讓兩個人不要碰在一起，內田先生去廁所時，大家也會跟著一起去之類的（笑）。

是枝 （笑）

樹木 聽說有過那樣的插曲。雖然不知道誰會先離開，但如果裕也先生先過世的話，我也想好好聊聊那些事。

忘記是什麼時候了，因為要出版岸田森先生的書，於是來採訪我。我當然接受了，但是裕也先生大發雷霆，雖然我不懂為什麼要那麼生氣。……裕也先生通常都是很爽朗的，對自己的事都視而不見，對我的事如果不高興卻會暴怒（笑）。

曾經啊，某個女演員和內田先生同居，內田先生半夜打電話給我，我不知道他們同居，但是交往中是眾所皆知的。據內田先生的說法是：「那傢伙外遇。」（笑）「外遇對象是○○○○，現在她打去他家裡抱怨了。」我問：「對方在家嗎？」「不在，是太太接的電話。」他說。對方的妻子也是女演員喔。他說：「他太太很特別耶！她竟然說『與我無關』。」之後，她把當事人叫出來狠狠威脅了一番，最後那對夫妻離婚了，不過他自己也和外遇女演員分手了。我不禁想，他到底覺得自己是打電話給誰啊……。真的很不講理。

是枝　真不講理呢（笑）。不過，希林女士曾經針對「如果人生重來，您還會再選擇和內田先生結婚嗎？」的問題回答：「我不想再遇到他。因為如果遇到就又會喜歡上了。」對吧？

樹木　誰說過那種話啊？

是枝　希林女士說的喔（笑）。

樹木　那是我隨口說說的啦。現在有點……畢竟人是會變的。不過啊，我得說，像內田裕也那樣的人當我的丈夫，確實有發揮鎮石的效果。

是枝　鎮石嗎？

樹木　嗯，鎮石。如果沒有那個人的話，我應該會變得更肆無忌憚、令人困擾。我曾經跟他說：「這點真的很感激呀！」他說：「喔，這樣啊。那你很幸福喔。」「對啊，很幸福喔！那你呢？」「我也很幸福喔！」他說（笑）。

以下也是前面提過的，箭內道彥先生出版的免費刊物《風與搖滾樂》中描述，內田裕也先生看了新建好的家後說：

「為什麼我的房間裡沒有浴缸？」

他生氣地說。那時希林女士的回覆非常經典：

「搖滾就是要淋浴吧！」

裕也先生無法接受：

「就算是搖滾也有想要泡澡的時候吧。」

「不對，搖滾不能用浴缸吧！」

在說這段話時，希林女士和提及森繁先生時一樣，連聲音都生動模仿，將夫妻的對話一人分飾兩角重現出來。

聽到希林女士得獎訪問時說：「謝絕所有祝賀的花。」裕也先生立刻反應：「不覺得這樣說花店太可憐了嗎？花店也是做生意的，閉嘴收下！」

於是希林女士附和道：「在這種地方，那個人確實比我有同理心。」

針對在訪談中提及的，關於岸田森先生的問題，

「只有那件事有點……」

希林女士罕見地含糊其詞，

「聊到和他相遇前的事，內田會不高興……」

這麼說著時，希林女士的表情有點心不在焉，帶著少女般的靦腆，令我不禁不好意思起來。

註

*1　鍋屋橫丁

聯繫東京中野區本町、中央兩地的商店街，江戶時代爲前往杉並區堀之內妙法寺參拜之路，因而繁盛，其中位於轉角的休憩茶屋「鍋屋」生意特別興隆，因此得名。

*2　人世坐

位於東京豐島區池袋站東口附近的電影院。昭和二十三年作家三角寬建於當時大火後一片貧瘠的池袋。名稱由來爲三角寬的信念：「守著人世。」雖然以專門播映舊電影的戲院立下一席之地，但仍於一九六八年結束營業。

*3　前衛

主要是指藝術、文化、政治領域中，實驗性的、嶄新的作品或人。

*4　《卡門回家》

木下惠介導演的電影，一九五一年上映。號稱日本首部「特藝七彩電影」引起話題。主演者爲高峰秀子，同名主題曲也是由她演唱。

*5　今井正

電影導演。一九一二年生於東京。東京帝國大學中輟後，進入東寶的前身J.O.工作室。一九三九年，於《沼津兵學校》首次擔任導演。一九四九年，《青色山脈》大受好評。而後離開東寶成爲自由導演。以一九五七年上映的《純愛物語》獲得柏林國際影展銀熊獎（導演獎），以一九六三年上映的《武士道殘酷物語》獲得該影展金熊獎（最佳影片獎）。代表作有《來日再相逢》、《姬百合之塔》、《暗無天日》、《阿菊與阿勇》、《沒有橋的河》等。一九九一年過世。

*6　《何處生存》

今井正導演的電影，於一九五一年上映。作品深受維多里奧・狄西嘉導演的《單車失竊記》等義大利新現實主義作品的影響。

*7　高峰秀子

演員、散文家。一九二四年生於北海道。演出一九二九年上映的電影《母親》，以天才童星聞名。於一九四九年上映的《銀座康康舞女郎》中亦演唱主題曲，創下四十二萬張的銷售佳績。隔年成爲自由演員。演出多部如木下惠介、成瀨巳喜男、小津安二郎等大師導演的名作。代表作衆多，有《綴方教室》、《馬》、《細雪》、《二十四隻瞳》、《浮雲》、《悲歡歲月》、《放浪記》等。一九七九年自演藝圈引退，改以散文家身分活躍文壇。二〇一〇年過世。

＊8　《孤苦盲女阿玲》
將水上勉原著同名小說翻拍而成的電影，一九七七年上映。導演爲篠田正浩，主演爲岩下志麻。

＊9　門前的小和尚
「門前的小和尚就算不學也會唸經」之諺語，意指平常耳濡目染，不知不覺就學會了。

＊10　中谷襄水
薩摩琵琶演奏家。一九七八年，擔任薩摩琵琶錦心流第六代會長。一九八九年過世。樹木的妹妹昌子以荒井姿水之名繼承父親衣缽成爲琵琶演奏家，她的兒子也以荒井靖水之名活躍業界。

＊11　查理・卓別林
演員、電影導演、喜劇演員。一八八九年生於英國倫敦。一九〇八年，進入弗萊德・卡爾諾劇團，成爲劇團的年輕主力演員。而後進入美國 Keystone 電影公司，一九一四年於《謀生之路》中首次演出電影，其中卓別林飾演的流浪者展開的鬧劇大受歡迎。一九五二年，因赤色清洗而受到美國驅逐，晚年於瑞士度過。一九七二年，被選爲奧斯卡金像獎榮譽獎得主，時隔二十年再度踏上美國領土。代表作有《孤兒流浪記》、《巴黎婦人》、《淘金記》、《大馬戲團》、《城市之光》、《摩登時代》、《大獨裁者》、《殺人狂時代》、《舞台春秋》等。一九七七年過世。

＊12　俳優座
一九四四年，由小澤榮太郎、千田是也、東野英治郎、東山千榮子創立。與文學座、劇團民藝齊名，爲代表日本的新劇團之一。

＊13　劇團民藝
一九五〇年創立，以待過東京藝術劇場的瀧澤修爲中心，加上新協劇團的宇野重吉、北林谷榮而組成的民衆藝術劇場爲其前身。

＊14　《屋頂上的提琴手》

原著爲沙勒姆・亞拉克姆的短篇小說《賣牛奶的台維》，一九六四年在美國改編爲音樂劇登場。在日本則於一九六七年在東京帝國劇場首演，台維一角至一九八六年爲止，九百次演出皆由森繁久彌飾演。

＊15　長田弘

詩人、兒童文學作家。一九三九年生於福島縣。一九六〇年，早稻田大學第一文學部在學時期創刊詩誌《鳥》。一九六五年，以詩集《我們新鮮的旅人》出道。以兒童爲對象的散文詩集《深呼吸之必要》成爲長期暢銷作品。亦執筆撰寫評論、散文等。代表作有《我的二十世紀書店》、《心中的問題》、《記憶的創造法》、《森林繪本》、《讀書的人會變幸福嗎》、《世界很美麗》、《奇蹟》等。二〇一五年過世。訪談集《提問的力量》中收錄了與是枝的對談。

＊16　萩本欽一

喜劇演員、藝人。一九四一年生於東京。駒込高中畢業後進入東洋劇團，被派往同體系的淺草法國座劇場，以脫衣舞表演的中場短劇表演磨練演技，在此結識專業喜劇演員安藤Role（後來的坂上二郎）。一九六六年，與坂上二郎組成搞笑短劇55號。於富士電視台公開直播的《午餐時間的黃金秀》受到熱烈歡迎。以搞笑短劇55號的身分成爲許多節目的班底。一九七一年，於《明星誕生！》中擔任主持人，開始單飛。隔年，廣播節目《小欽的說說看「咚」吧！》登場。一九七五年，電視節目《小欽的「咚」地試試看吧！》播出。代表作有《全明星家族對抗歌唱大賽》、《欽咚！好孩子壞孩子普通孩子》、《小欽要做到什麼程度?!》、《小欽的週刊星期欽》、《恰恰好　鏘・鏘》等。

＊17　爲玩而生否

收錄於平安時代末期歌謠集《梁塵秘抄》中童心之歌的一段。「爲玩而生否抑或爲戲而生否聞子戲聲我身擺動（是爲了遊玩而生嗎?還是爲了戲耍而生呢?聽見孩子們天真遊戲的喧鬧聲，身爲大人的我身體都忍不住舞動起來）。」久世光彥在《ALL讀物》中連載題爲「爲玩而生否」的散文，同名遺作集於二〇〇九年出版。

*18　川崎徹

廣告導演。一九四八年生於東京。早稻田大學政治經濟學部畢業後，進入電通電影公司。除蟲菊大日本株式會社「蒼蠅蒼蠅蚊子蚊子蚊子金鳥」、富士軟片「如實地」、三得利的「生啤酒桶」等，製作出許多風靡一時的廣告流行語。一九八〇年與糸井重里、仲畑貴志等人並列，成爲創造廣告風潮的重要人物。亦有小說《貓的浸在水裡的青蛙》等衆多著作。

*19　研直子

歌手、喜劇演員。一九五三年生於靜岡縣。一九七一年，以東寶唱片的第一歌手身分出道，發行唱片《大城市無家可歸的女人》。一九七六年《說再見》大受歡迎，獲得日本唱片大獎歌唱獎。代表作有《海鷗畢竟是海鷗》、《不再期待夏天》、《讓我哭泣》等。除歌手身分外，亦參與許多廣告及綜藝節目演出。

*20　《大遺言書》

二〇〇三年新潮社出版，爲系列作品的第一部。

*21　《在夢中相會》

NHK於一九六一～一九六六年播出的綜藝節目。每集都會訂定一個主題，遵循該主題進行搞笑短劇演出，中間會穿插跳舞、爵士樂演奏、唱外文歌等橋段。創造出〈昂首向前走〉、〈想去遠方〉、〈小寶寶你好〉多首流行曲。

*22　田中角榮

政治家。一九一八年生於新潟縣。一九七二～一九七四年，擔任第六十四、六十五屆內閣總理大臣。一九九三年過世。

*23　失言惹禍風波

同第二章註15。

*24　鴨下信一

導演、電視製片人。一九三五年生於東京。東京大學文學部畢業後，進入東京電台。執導《岸邊的相冊》、《參差不齊的蘋果們》。代表作有《女人的家》、《製造回憶》、《妻子們的鹿鳴館》、《高中老師》、《說老婆的壞話》、《理想上司》等。其活躍範圍擴及舞台劇，亦執導白石加代子的《百物語系列》。

*25 《小早川家之秋》

由小津安二郎導演執導，一九六一年上映的電影。爲小津接受東寶招聘後唯一執導的作品，森繁久彌、小林桂樹、藤木悠、山茶花究、新珠三千代、團令子等演出當紅的《社長系列》之個性派東寶專屬演員全體總動員。小津對森繁、山茶花等擅長即興演出的演員並不滿意，據傳兩人對小津的執導提出抱怨時，小津大聲斥責：「這裡不需要輕鬆短劇的表演！」

*26 The Spiders

一九六一年，由田邊昭知組成的Group Sounds樂團。代表歌曲有〈夕陽在哭泣〉、〈不知不覺〉、〈那時你還年輕〉等。以堺正章、井上順、釜萢弘爲中心展開的輕鬆有趣互動亦大受歡迎。

*27 鹹蛋超人

於《時間到了喔》第三季中登場。堺正章所飾演的「小健」走投無路，大喊：「對了！召喚鹹蛋超人吧！」後，鹹蛋超人真的從天而降的無厘頭橋段，成爲節目大受好評的片段。

*28 梶芽衣子

演員、歌手。一九四七年生於東京。一九六五年，以電影《悲傷的離別之歌》出道。代表作有《日本殘俠傳》、《野貓搖滾系列》、《女囚蠍子系列》、《無仁義的戰爭》、《修羅雪姬系列》、《大地的搖籃曲》、《曾根崎心中》等。據說梶受邀演出《寺內貫太郎一家》的長女角色時，曾以：「剛演完《女囚蠍子系列》那種黑暗的作品，沒有勇氣馬上接下家庭劇的演出。」爲由拒絕，但導演久世光彥說：「那個女兒的角色不需要明亮的太陽（因爲父親砸落石頭腳變得不方便行走），沒有些微陰暗面反而不對勁」而說服了她。

*29 西城秀樹

歌手、演員。一九五五年生於廣島縣。一九七二年，以單曲〈戀愛的季節〉出道。代表作衆多，有〈熱情的暴風雨〉、〈愛的十字架〉、〈傷痕累累的蘿拉〉、〈YOUNGMAN（Y.M.C.A.）〉、〈galando〉等。一九七四年，演出《寺內貫太郎一家》長男一角。導演久世光彥嚴令：「不准玩笑！」造就他與小林亞星飾演父親的扭打場景成爲經典。曾有一次，西城被推下走廊，手腕因此骨折，久世拍下打著石膏前來的西城，剪接成跌落庭院的長男從地上爬起來後，不知爲何手打石膏的無厘頭畫面。二〇一八年過世。

＊30 淺田美代子

演員、藝人。一九五六年生於東京。高中二年級時被星探挖掘，在《時間到了喔》第三季的新人試鏡裡從兩萬五千人中脫穎而出。以女傭小美代的角色出道，仰望星空高唱的《紅色氣球》，於一年內賣出近五十萬張。一九七七年與吉田拓郎結婚，從演藝圈引退專心當家庭主婦。一九八三離婚，重新復出。代表作有連續劇《寺內貫太郎一家》、電影《釣魚迷日記系列》等。二〇一九年，於樹木首次也是最後一次企畫的電影《Erica38》中時隔四十五年再次擔任主角演出。

＊31 伊東四朗

演員、喜劇演員、藝人。一九三七年生於東京。參加喜劇演員石井均的一座劇團。一九六一年，與三波伸介、戸塚睦夫一起組成「遊手好閒三人組」（隔年，改名爲「添福三人組」）。一九七五年開始，以《正適合看！正適合吃！正適合笑！》中的親子搞笑短劇與電線音頭打開知名度。一九七七年，演出電視連續劇《MU》裡渡邊美佐子的丈夫一角大獲好評。一九八三年，演出NHK晨間劇《阿信》的父親角色，而後，便以演員爲事業重心。代表作有連續劇《十津川警部系列》、《錢形平次》，電影《女稅務官》、《民暴之女》，綜藝節目《伊東家的餐桌》等。

＊32 鄉裕美

歌手、演員。一九五五年生於福岡縣。一九七一年，成爲傑尼斯事務所旗下藝人。一九七二年，以NHK大河劇《新平家物語》一劇出道成爲演員，同一年的出道曲《男孩女孩》獲得日本唱片大獎新人獎。一九七七年，演出電視連續劇《MU》。隔年的《MU一族》插曲〈林檎殺人事件〉讓他在《The Best Ten》中首次拿下第一名。代表作有《請多指教哀愁》、《森巴新娘》、《哀傷的卡薩布蘭加》、《兩億四千萬隻眼睛》、《說不出口》、《想見你》等。

＊33　天地眞理

歌手。一九五一年生於埼玉縣。一九七一年，參加《時間到了喔》第二季澡堂工作人員角色試鏡，於最後審查中落選。主角森光子跟導演久世光彥提議讓她參與演出，以小健（堺正章）一心愛慕的「隔壁的小瑪莉」一角登場，受到注目。同一年，以單曲〈水色之戀〉出道，代表作有《不是一個人》、《橫渡彩虹》、《新葉的低語》、《戀與海與T恤》等。

＊34　岸本加世子

演員。一九六〇年生於靜岡縣。一九七六年，被星探挖掘加入藝映事務所。一九七七年，在電視劇《MU》中參與演出，以偶像藝人之姿風靡一時。代表作有電視劇《深夜的英雄》、《主播斷線物語》、《最喜歡！》，電影《花火》、《菊次郎的夏天》等。

＊35　〈林檎殺人事件〉

一九七八年開賣，鄉裕美的第二十七張單曲，是繼《怪物的搖滾》之後與樹木的二重唱。在《The Best Ten》中創下連續四週第一名的佳績，在蟬聯第一名的第三週節目中，以與主持人久米宏、黑柳徹子相同的服裝登場，此舉爲樹木的提議。

＊36　《8點了喔！全員集合》

一九六九年～一九八五年間於TBS播出的綜藝節目。主要由漂流者樂團演出的搞笑短劇、來賓唱歌、表演體操或是合唱等小短劇，原則上爲現場直播。導演久世光彥希望在連續劇中加入喜劇元素，因此親自蒞臨這個大受歡迎的綜藝節目，擔任數次短劇橋段的導演。

＊37　福山雅治

創作歌手、演員。一九六九年生於長崎縣。一九九三年，演出電視劇《一個屋簷下》而成爲家喻戶曉的人物。連續劇作品有《龍馬傳》、《伽利略系列》等。是枝的作品則擔任了《我的意外爸爸》、《第三次殺人》的主角。

＊38　吉田拓郎

創作歌手、作曲家。一九四六年生於鹿兒島縣。一九七一年，《結婚吧》大賣，售出四十萬張。歌曲代表作衆多，有《旅宿》、《咬緊嘴唇》、《暑假》、《落陽》、《外面是白雪的夜晚》等。並有許多作曲作品，如森進一《襟裳岬》、釜范弘《我的好朋友》、森山良子《唱吧夕陽之歌》、糖果合唱團《溫柔的惡魔》、石野眞子《不怕大野狼》等。一九七七年與淺田美代子結婚，一九八三年離異。

＊39　《顚倒》
二〇〇二年，由文藝春秋出版的連作短篇集。

＊40　埃及
《MU一族》的第二十六、二十七集前往埃及出外景。

＊41　《老師的提包》
二〇〇三年二月十六日，做爲WOWOW「電視劇W」的第一部曲播出。原著爲井上弘美的同名小說。獲得第四十屆銀河獎、文化廳藝術祭優秀獎等衆多獎項。無線電視則在二〇〇四年於富士電視台播出。

＊42　柄本明
演員。一九四八年生於東京。妻子爲角替和枝，兒子爲柄本佑、柄本時生，媳婦爲安藤櫻。一九七四年退出自由劇場後，與柳原晴郎、綾田俊樹共同組成「劇團東京乾電池」。以其奇特的容貌與獨樹一幟的存在感，廣泛駕馭從嚴肅到滑稽的各種角色。曾在是枝的作品《幻之光》、《小偷家族》中演出。

＊43　小泉今日子
演員、歌手。一九六六年生於神奈川縣。一九八二年，以單曲〈我的十六歲〉出道。暢銷曲有《沙灘上的摩登人魚》、《大和撫子七變化》、《因爲是偶像》，以演員身分演出的連續劇《甜甜小公主》亦引起話題。電影代表作有《生徒諸君！》、《風花》、《空中庭園》、《貓咪咕咕》、《東京奏鳴曲》、《每日媽媽》、《食之女》等。

＊44　桃井薰
演員。一九五一年生於東京。一九七五年，於倉本聰編劇的電視連續劇《前略母親大人》中飾演「岡野海」一角極其出色，人氣水漲船高。代表作有《幸福的黃手帕》、《不再托腮》、《東京夜曲》、《藝伎回

憶錄》、《魔法和服》等。

＊45　小林薫

演員。一九五一年生於京都府。歷經唐十郎主持的狀況劇場，以實力派演員之姿於電影及電視劇中大放異彩。代表作有電視劇《活力充沛的小子》、《討厭的傢伙們》、《山丘上的向日葵》、《深夜食堂》、《糸子的洋裝店》等，電影《從此之後》、《沖繩草莽英雄》、《秘密》、《夏之殘戀》等。

＊46　西川美和

電影導演、小說家。一九七四年生於廣島縣。早稻田大學第一文學部畢業後，以計時工作人員身分參與是枝的電影《下一站，天國！》。二○○二年，以自己撰寫劇本的黑色喜劇《蛇草莓》出道成爲導演，獲得衆多國內電影獎新人獎。代表作有《搖晃》、《親愛的醫生》、《賣夢的兩人》、《漫長的藉口》等。小說《昨天的神》入圍直木獎，《漫長的藉口》入圍山本周五郎獎與直木獎。

＊47　《冬季運動會》

一九七七年於TBS的「木下惠介人間之歌系列」播出。演出者爲木村功、石田良子、根津甚八、加藤治子等。一九八五年，新潮文庫出版該劇本集。

＊48　《向田邦子的情書》

TBS於二○○四年一月二日，做爲「五十週年特別企畫」播出的連續劇。原著爲妹妹和子依據向田邦子生前留下的信件所寫的同名散文。演出者爲山口智子、岸部一德、藤村志保等。

＊49　山口智子

演員。一九六四年生於櫪木縣。一九八六年，以東麗的宣傳少女出道。一九八八年，擔任NHK晨間劇《小純的加油歌》女主角。代表作有電視劇《誰都不愛了》、《二十九歲的聖誕節》、《長假》、《向田邦子的情書》、《偵探物語》、《女法醫朝顏》等。曾在是枝的作品《Going My Home》中飾演主角良多（阿部寛）的妻子。

＊50　戀人

向田邦子有年長十三歲的攝影師戀人，但因其已婚，二十歲後半時曾一度主動拉開距離，而後又重新開始交往。向田雖給予生活走樣的戀人精神與經濟上的支持，但他最後仍走上自殺一途。

*51　齋藤史

詩人。一九〇九年生於東京。十七歲時，因若山牧水建議開始作詩，一九三一年，與前川佐美雄等人創刊《短歌作品》。於一九三六年的二二六事件中，衆多透過父親熟識的青年軍官遭受刑處，此經驗成爲後來文學上的主題。一九四〇年，發表第一本詩集《魚歌》。一九九三年，首次以女性詩人身分成爲日本藝術院會員。一九九七年，《齋藤史全歌集》獲得第二十屆現代短歌大獎，隔年獲得紫式部文學獎。二〇〇二年過世。

*52　《遍紅》

一九七六年，不識書院出版。獲得第十一屆迢空獎（短歌界最具權威的獎項）。

*53　箭内道彦

創作者。一九六四年生於福島縣。一九九〇年自東京藝術大學畢業後，曾待過博報堂，後創立《風與搖滾樂》。主要以淘兒唱片的「NO MUSIC, NO LIFE」宣傳、Recruit「Zexy」、三得利「微醉」、Glico「Bisco」等爲人熟知。目前正爲家鄉福島重建努力中。現任東京藝術大學美術學部設計科教授。

*54　《風與搖滾樂》

二〇〇五年四月～二〇一三年九月以月刊形式出版的免費刊物，於全國的淘兒唱片發放。二〇一三年四月號的特輯爲「樹木希林」，九月號的特輯爲「福山雅治 & Lily Franky &是枝裕和」。二〇一三年後改爲不定期出刊。

*55　《陛下》

一九九六年由新潮社出版。

*56　二二六事件

一九三六年二月二十六日～二十九日間，受皇道派影響，陸軍青年軍官們率領一千四百八十三名下士官兵掀起的政變未遂事件。

*57　小林龍雄

編劇、評論家。一九五二年生於東京。畢業於早稻田大學。一九七八年，以劇本《更柔軟　更堅強》獲得城戸獎準入選獎，隔年，由藤田敏八導演翻拍成電影。主要的編劇作品有電影《擁抱》、《不再托腮》等，電視劇《愛子十六歲》、《男人的住處》等。著作有《向田邦子全連續劇 懸疑十二章》、《向田邦子戀愛的一切》等。

＊58 《久世光彥vs.向田邦子》

二〇〇九年由朝日新聞出版社出版。

＊59 坂東玉三郎

歌舞伎演員、電影導演、電視導演。一九五〇年生於東京。一九五七年，以《菅原傳授手習鑑・寺子屋》中的小太郎一角首次演出舞台劇。一九六四年，成爲第十四代守田勘彌的藝養子（譯者註：歌舞伎界演員沒有後代時，會認養有才能的徒弟爲養子），繼承第五代坂東玉三郎之藝名。擅長演出的角色眾多，有《鳴神》的雲絕間姬、《義經千本櫻》的靜御前、《助六由緣江戸櫻》的揚卷等。一九八四年，受邀到紐約大都會歌劇院百年紀念公演演出。一九九一年，於《外科室》中首次擔任導演。二〇一二年，獲得重要無形文化財保持者（人間國寶）認定。

＊60 《夢之女》

坂東玉三郎導演的電影，一九九三年上映。原著爲永井荷風的同名小說。

＊61 篠山紀信

攝影師。一九四〇年生於東京。進入日本大學藝術學部攝影學科就讀，一九六一年，在學期間便進入LIGHT PUBLICITY工作，獲得APA獎等眾多獎項。主要寫真集作品有《女形・玉三郎》、《家》、《晴天》、《激寫・135位女性朋友》、《百惠》、《SantaFe》（宮澤理惠寫真集）、《TOKYO未來世紀》、《完全保存版 The歌舞伎座》等。持續拍攝第五代坂東玉三郎逾三十年。

＊62 《流浪者之歌》

鈴木清順導演的電影，一九八〇年上映。

＊63 夜樹社

樹木的個人事務所名稱。大楠道代、岸部一德也曾隸屬旗下。岸部由久世光彥介紹加入，「一德」是樹木幫他取的名字。

＊64　大楠道代

演員。一九四六年生於天津市。一九六四年，被日活電影公司發掘，於吉永小百合主演的電影《風和樹和天空》中出道。一九六七年，演出《癡人之愛》中的直美一角，晉升爲實力派演員。在《惡名系列》、《流氓士兵系列》中和勝新太郎演對手戲。代表作有《少女看見了》、《金環蝕》、《流浪者之歌》、《陽炎座》、《鐵拳》、《夢二》、《臉》、《空中庭園》、《大鹿村騷動記》等。

＊65　田中陽造

編劇。一九三九年生於東京。早稻田大學畢業後，進入日活電影公司，參加以鈴木清順導演爲中心的劇本團隊「具流八郎」，撐起日活的成人影片全盛期。代表作有《殺手烙印》、《花與蛇》、《嗚呼！花之應援團》、《地獄》、《流浪者之歌》、《水手服與機關槍》、《上海浮生記》、《雪的斷章　情熱》、《舞廳》、《夢二》、《居酒屋幽靈》、《夏日庭院》、《櫻之桃與蒲公英》、《最後的忠臣藏》等。

＊66　金嬉老事件

一九六八年二月，在日韓國人金嬉老射殺暴力團成員後，脅持寸又峽溫泉旅館住客當人質，爲指控種族歧視的案件。金被逮捕，於審判中判處無期徒刑，一九九九年假釋，回到韓國。二〇一〇年過世。

＊67　《金的戰爭步槍魔殺人事件》

富士電視台播出的《實錄犯罪史系列》的第一部作品，一九九一年播出。原著爲本田靖春的《私戰》，由早坂曉擔任編劇。

＊68　北野武

搞笑藝人、演員、電影導演。一九四七年生於東京。一九八三年，於大島渚導演的電影《俘虜》中精湛演出粗暴的中士。主演電影有《血與骨》、《女人沉睡時》。在電視劇中經常飾演實際存在的人物，如大久保清、山口組第三代組長、東條英機、立川談志等。導演代表作有《那年夏天，寧靜的海》、《花火》（第54屆威尼斯影展金獅獎）、《菊次郎之夏》、《四海兄弟》、《淨琉璃》、《盲俠座頭市》（第60屆威尼斯影展銀獅獎〔導演獎〕）、《阿基里斯與龜》、《極惡非道系列》等。

*69　榎本健一

演員、歌手、喜劇演員。一九〇四年生於東京。一九一九年，於淺草金龍館首次演出舞台劇。和爵士歌手二村定一攜手，以「Pierre Brillant（後來的Enoken一座）」爲開端，逐漸走紅。有聲電影《青春醉虎傳》大獲好評，被稱爲「日本的喜劇之王」。代表作有《榎健的嚇到打嗝的時代》、《歌唱Enoken捕物帖》、《Enoken笠置的染久松》等。亦開設電影演劇研究所，致力於指導與培養後進。一九七〇年過世。

*70　加藤道夫

劇作家。一九一八年生於福岡縣。演員加藤治子的丈夫。慶應義塾大學在學期間，與芥川比呂志等人組成新演劇研究會，從事劇作及戲曲的翻譯。一九四四年，《嫩竹》完稿。一九四九年開始，除了文學座座員身分外，還擔任慶應義塾大學講師。一心投入加繆與繆塞的翻譯、讓－皮埃爾・吉侯杜及演劇的研究。一九五三年，年僅三十五歲的他自殺身亡。

*71　三島由紀夫

小說家、劇作家。一九二五年生於東京。一九四一年，中學五年間完成小說《鮮花盛開的森林》，於《文藝文化》上連載。代表作有小說《假面的告白》、《愛的飢渴》、《潮騷》、《金閣寺》、《鏡子之家》、《午後的曳航》、《豐饒之海》，戲曲《近代能樂集》、《鹿鳴館》、《薩德侯爵夫人》等。晚年組成民兵組織楯會，一九七〇年十一月二十五日，於自衛隊市谷駐屯地進行鼓吹政變的演講後切腹自殺，享年四十五歲。

*72　山崎努

演員。一九三六年生於千葉縣。一九六〇年，於《大學的山賊們》中首次演出電影。一九六三年，在黑澤明導演的《天國與地獄》中演出綁架犯一角，迅速受到大家注目。代表作有電影《紅鬍子》、《影武者》、《女稅務官》、《GO》、《超越巔峰》等，電視劇《必殺系列》等。

*73　松田優作

演員。一九四九年生於山口縣。一九七二年，成爲文學座附屬演技研究所第十二期生，爲專心演藝之路向大學提出退學申請。隔年，於刑警連續劇《向太陽怒吼！》中以牛仔褲刑警一角成爲固定登場人物，於《狼的紋章》中首次演出電影。代表作有《人間的證明》、《甦醒的金狼》、《野獸應死》、《陽炎座》、《家族遊戲》、《偵探物語》、《從此之後》、《黑雨》等，電視劇《我們的勳章》、《偵探物語》、《熱帶夜》、《華麗的追捕者》等。一九八九年過世。

＊74《時間到了喔　昭和元年》

一九七四～一九七五年於TBS播出（共二十六集）。演出人員幾乎全數換新，背景也改成東京湯島的澡堂「龜乃湯」。森光子的角色是龜乃湯的老闆娘，樹木飾演她的婆婆。

＊75《一個女人》

一九九二年福武書店出版。

＊76《天國的爸爸，你好嗎？》

一九六六～一九七八年於TBS東芝日曜劇場不定期播出。描寫丈夫過世後，一面扶養兩個孩子一面經營西服小店、堅強生活下去的女人。

＊77《思慕的人》

一九九四年由中央公論社出版，一九九八年，文庫本上市。

＊78《父親的道歉信》

一九七八年文藝春秋出版。二〇〇五年，改版文庫本上市。

＊79《靜子宙太郎：忍宿借夫婦巷談》

一九七七～一九七八年於TBS播出。描寫公司破產倒閉後，住在東京神田的葬儀社員工宙太郎（小林桂樹）與靜子（森光子）的故事。

＊80《男人眞命苦3戀愛大放題》

森崎東導演的電影，一九七〇年上映。執導系列作品中第一、二部曲的山田洋次在本片中僅擔任編劇，直至第五部曲才再度擔綱導演。

＊81　森崎東

編劇、電影導演。一九二七年生於長崎縣。京都大學法學部畢業後，一九五六年進入松竹京都攝影所工作。一九六五年，轉到松竹大船攝影所，擔任山田洋次等人的副導演、編劇。一九六九年，在《喜劇女人要有氣度》中首次擔任導演。主要作品有《野良犬》、《時代屋的女房》、《圍牆內不思悔改衆生相》、《美味大挑戰》、《去看小洋蔥媽媽》等。同時執導並擔任編劇的作品有《外景》、《及時行樂死了拉倒黨宣言》、《小雞光著腳》等。

＊82 《搞笑夫婦》

一九六六～一九六七年於富士電視台播出（共二十六集）。一九六三年上映，將描寫天才單口相聲演員三遊亭悲喜交加一生的電影《奇怪的傢伙》拍成連續劇。無論做什麼都失敗的男人（渥美清）在妻子（中村玉緒）愛的支持下，成爲卓越的單口相聲演員。因本戲大受好評收視率超過百分之三十，故與山田洋次共同構思下一部作品的企畫，流動攤販「車寅次郎」——《男人眞命苦系列》因此誕生。

＊83 Frankie 堺

演員。一九二九年生於鹿兒島縣。慶應義塾大學法學部在學期間於駐紮軍隊兵營中擔任爵士樂鼓手。一九五四年，組成「Frankie 堺與城市鄉巴佬」，進而朝電影發展。代表作有《丹下左膳系列》、《幕末太陽傳》、《我想成爲貝殼》、《莫斯拉》、《社長系列》、《驛前系列》、《寫樂》等。一九九六年過世。

＊84 高倉健

演員。一九三一年生於福岡縣。一九五五年，以新人計畫第二期生加入東映。隔年，以電影《電光空手打》的主角出道。代表作有《日本俠客傳系列》、《網走番外地系列》、《昭和殘俠傳系列》、《八甲田山》、《幸福的黃手帕》、《驛車站》、《黑雨》、《只爲了你》等。二〇一四年過世。

＊85 《今後，海邊的旅人們》

富士電視台於一九九三年播出。與妻子離婚、退休後搬進海邊老人安養院的男人（高倉健），難以融入將此處當成最後住所的形形色色居住者之中……。描寫所有人都會遇到的「老」的連續劇。

＊86 勝新太郎

演員。一九三一年生於東京。二十三歲時與京都攝影所簽約，一九五四年以《花之白虎隊》出道。一九六七年成立勝製作公司，從事電影製作。代表作有《忠臣藏》、《惡名系列》、《座頭市系列》、《流氓士兵系列》、《無法松的一生》、《人斬》、《迷走地圖》、《帝都物語》等。於電視連續劇、舞台劇亦表現活躍，一九九七年過世。

＊87《續篇．醉博士》

井上昭導演的電影，一九六六年上映。新藤兼人改編自己的原著而成。以日薪勞工居住的宿民街爲背景，勝新太郎飾演的醫生被捲入糾紛中不得脫身。樹木飾演立志成爲小說家的少女、並擔任由清川虹子飾演的賣春組織SX貿易商會社長左右手。

＊88《影武者》

黑澤明導演的電影，一九八〇年上映。描寫戰國時代的竊賊做爲武田信玄的影武者維生，被迫背負命運的悲喜劇。於坎城國際影展獲得金棕櫚獎（最高獎項），創下當時日本電影歷代票房收入第一名的紀錄。最初被選爲主角的勝新太郎開拍後與黑澤明起衝突，中途退出改由《亂》（一九八五年上映）的主角仲代達矢替代。

＊89 仲代達矢

演員。一九三二年生於東京。一九五二年，進入俳優座養成所。一九五六年，以電影《火鳥》出道。一九七五年創立無名塾，開始投入後進的培育與養成。在俳優座、無名塾中主演過許多莎士比亞的作品。代表作衆多，有電影《人間的條件》、《野獸應死》、《大鏢客》、《椿三十郎》、《天國與地獄》、《華麗一族》、《金環蝕》、《不毛地帶》、《影武者》、《二百三高地》、《鬼龍院花子的一生》、《與春同行》、《海邊的李爾王》等。

＊90《座頭市》

勝新太郎執導、編劇、主演的電影，一九八九年上映。雖在武打場面的彩排中發生死亡意外，製作過程受到質疑，但上映後大受好評。

＊91 樋口可南子

演員。一九五八年生於新潟縣。二十歲以《POLA電視小說．蟋蟀橋》的主角出道。一九八〇年，於《戒嚴令之夜》首次演出電影。代表作有電影《卍》、《Bedtime Eyes》、

《阿彌陀堂小語》、《明日的記憶》等，連續劇《早春寫生簿》、《羅曼史》、《冬季運動會》、《夥伴》等。

*92 田中邦衛

演員。一九三二年生於岐阜縣。俳優座座員，一九五七年，於電影《純愛物語》中首次演出。一九六一年，在《大學的若大將》中演出若大將的對手博得好評，成爲《若大將系列》的固定演員。以一九八一年開始播出的《北國之戀》中父親一角一躍成爲家喻戶曉的人物。代表作有電影《網走番外地系列》、《無仁義的戰爭系列》、《學校》、《最後的忠臣藏》等。

*93 《追捕》

富士電視台在「時代劇特別篇」於一九八一～一九八三年間共播出六集。原著爲柴田鍊三郎的時代小說（《柴鍊捕物帖》）。一九九一年播出連續劇。樹木飾演女扒手小仙，喜歡上曾逮到她一次卻放過她的檢察官（田中邦衛），於是跟著他到處跑。

*94 六月劇場

一九六六年，從文學座退團的岸田森、悠木千帆、草野大悟三人，與導演津野海太郎、劇作家山元清多等人組成。據津野所述，六月劇場的命名者爲悠木千帆，理由爲：「自古就有茶道等學習從六月六日開始的習慣喔。」順道一提，六月六日亦爲是枝的生日。

*95 《再見了，朋友們》

澤田幸弘導演的電影，一九七四年上映。爲松田優作首次主演的作品。結束三年刑期離開監獄的猛夫（松田優作），與好友梅、雅、龍一起籌備一個個賺大錢的作戰計畫，但……。樹木演出猛夫的姐姐美津子一角。

*96 萩原健一

演員、歌手。一九五〇年生於埼玉縣。一九六七年，以The Tempters的歌手身分演唱《忘不掉的你》出道，《神的願望》、《祖母綠的傳說》皆爲成名曲。一九七二年，於電影《約定》中首次參與演出。同一年的電視劇《向太陽怒吼！》中飾演通心粉刑警一角受到歡迎。代表作有連續劇《傷痕累累的天使》、《前略母親大人》、《外科醫柊又三郎》等，電影《股旅》、《青春的蹉跎》、《八墓村》、《影武者》、《誘拐報導》、《情書》、《居酒屋幽靈》等。二〇一九年過世。

＊97《家族遊戲》

森田芳光導演的電影，一九八三年上映。原著爲本間洋平的同名小說。主角松田優作之後又演出《偵探物語》，演技精湛，人氣竄升。

＊98《前略母親大人》

日本電視台於一九七五～一九七六年（共二十六集），及一九七六～一九七七年（共二十四集）的金曜劇場播出。依照倉本聰原案將東京下町深川設爲背景舞台，描寫害羞的青年廚師（萩原健一）和周遭人們的互動往來。

＊99《傷痕累累的天使》

日本電視台於一九七四～一九七五年播出（共二十六集）。由萩原健一與水谷豐擔綱，是一部以在偵探事務所工作的兩位年輕人爲主角的犯罪連續劇。

＊100 劇團雲

一九六三年，包含芥川比呂志，約三十名文學座的主力、年輕劇團成員退團，與評論家福田恆存成立財團法人現代演劇協會，爲協會附屬劇團。一九七五年分裂、解散。演劇集團圓、劇團昂開始發跡。

＊101 岸田今日子

演員、聲優。一九三〇年生於東京。父親爲劇作家、文學座創辦人岸田國士，演員岸田森爲其堂弟。從自由學園畢業後成爲文學座的實習生。一九五三年，於《濁流》中首次演出電影。一九六三年，與芥川比呂志等人一同退出文學座。歷經劇團雲，一九七五年參與演劇集團圓的創立。代表作有電影《破戒》、《沙丘之女》、《犬神家一族》等。二〇〇六年過世。

＊102 岸田森

演員、劇作家、導演。一九三九年生於東京。一九六〇年，進入文學座附屬演劇研究所。一九六四年，與悠木千帆結婚（一九六八年離婚）。隔年，升格爲文學座座員。一九六六年，與悠木等人成立劇團六月劇場。一九六八年，主演圓谷製作公司的特效電視劇《怪奇大作戰》。代表作有電影《詛咒之館　吸血之眼》、《歌麿　若早知是夢》、《黑薔薇昇天》、《座頭市與用心棒》等，電視劇《歸來的超人》、《火炎人》、《傷痕累累的天使》、《太陽戰隊太陽火神》等。一九八二年過世。

＊103　《偵探物語》
日本電視台於一九七九～一九八〇年播出（共二十七集）。描述私家偵探工藤俊作搜查各式各樣案件的偵探劇，爲主角松田優作的代表作。樹木演出第九集〈從火星來的少年〉。

＊104　草野大悟
演員。一九三九年生於台灣台中市。一九六一年進入文學座附屬演劇研究所。一九六六年升格成爲座員。一九六七年加入六月劇場。除以舞台劇爲主要活動外，亦演出許多岡本喜八、新藤兼人執導的作品及勝製作公司所做的電視、電影。一九九一年過世。

第 6 章

暴露「又老又醜」的樣子

2018 年 3 月 30 日

於澀谷／分福

AFP＝時事

訪談開始前，希林女士說：「來一下！」把我叫到別的房間，將醫院交給她的PET影像拿給我看。顯示癌細胞轉移的黑點散布全身骨頭，迄今定期進行的重粒子放射線治療已經無法控制癌細胞了。

「就是這樣，因為要進行離開前的準備，所以這部電影是和你最後一次合作了。」

醫生說所剩時間頂多到年底。希林女士說完，表情瀟灑地走出房間。訪談隨後展開，但我滿腦子只有剛剛看到的PET影像，我問了什麼、希林女士回答了什麼，在定稿前我一點印象也沒有。

只記得，希林女士重複說道：「這是最後一次和導演合作電影了。」

雖然心裡明白那是不得不接受的事實，卻只能曖昧地回應：「不不不！」對這麼沒出息的自己我感到生氣。

那天原本的預定計畫是，除了《小偷家族》之外，我也準備了一些延伸話題的提問，所以會是一個長篇訪問。但幾乎無法好好進食的希林女士，無力的聲音已和兩個月前明顯不同，我不忍繼續訪談下去，因此進行到一半便收尾了。

「真漂亮呀」和「謝謝」

樹木 《小偷家族》的構想我是在神泉的拉麵店聽到的吧？雖然那時候還只是「啊，下次要拍嗎？那我要不要演一下呢」的程度。剛才我也是從那間拉麵店過來的喔。

是枝 是嗎？我也很意外我那麼喜歡那家店耶！

樹木 我的孫子很喜歡那裡，雖是認真熬煮高湯做出來的拉麵，但不知怎地就是沒有拉麵該有的完成度（笑）。

是枝　確實，我帶年輕的工作人員去吃，大家也都說：「少了點什麼。」

樹木　對吧？不過上了年紀後食慾也下降了，對於那種「必須要吃點什麼」的時候來說非常剛好。不過這麼一說，意外地也有那種演員呢，雖然試著選用了，但該說是完成度不夠呢，還是說少了點什麼呢……。

是枝　（笑）原來如此，以這種方式導入正題呀。

今天我想聊一聊《小偷家族》。每次將劇本拿給希林女士後，您不是總會直率地問：「為什麼這種人會在這個家裡呢？」或是「這個人應該不是這樣的人吧？」因此我就會想：「啊，這樣啊，這個人為什麼會在這裡？」思考其存在的必然性後反映在劇本上。雖然一直以來都是如此，但這次的《小偷家族》影響特別大。此次拜託您演出的初枝這個角色也是，當然從一開始就是以希林女士為前提在撰寫，但初枝身邊的人物形象，也都是以能找出希林女士那種直率問題答案的形式建構出來的。

因此當劇本還處於高度不確定性的狀態時，就先進行夏天場景的拍攝了。

樹木 對對，夏天裡全家人一起去海邊玩水的場景。

是枝 那時希林女士來到拍攝現場的集合地點，對其他演員們說：「這個場景，雖然拍了但可能不會留下來喔！」(笑)我當時心裡焦急地想：「如果演員們以為我是那種『盡拍些不會留下的場景的導演』就太抱歉了。」那個地方，一開始是打算即使只有景也要先拍好留存。

這部作品是一整年的故事，因此我以「最好能巧妙地呈現出季節感」說服了製作部門。但是，機會難得所以也讓孩子們去走一走吧，既然如此全家一起去海邊的畫面也順便拍拍吧，像這樣，一點一點零碎地進行拍攝。所以，其實我也還看不到電影的全貌。

樹木 我們這些演員也是，只知道我們不是普通的家人，大家就處在似懂非懂的狀態下，看著彼此的臉在海邊散步。

是枝 但是，拍了海邊的場景後，靈感突然不斷湧現，轉變成以那幕為核心向前後延伸的故事，因此從結果上看是非常好的。其中有一點很令我驚訝，那個海邊的場景是這部電影的第一幕，但對希林女士來說，那是在電影中出現的最後一幕。

樹木　對，因為在那之後馬上就死了，那是活著時的最後場景。

是枝　老實說，我覺得希林女士那天身體應該不太舒服。

樹木　很不舒服。

是枝　確實很不舒服嗎？

樹木　嗯。我還想，身體這麼不舒服卻還要拍如此嚴峻的場景啊（笑）。當時明明是夏天卻非常冷，我不禁想這麼冷到底是怎麼一回事呀？雖然所有人也都覺得很冷。

是枝　一開始先拍了那個死前、海邊的畫面，入冬後則是將在那之前的場景按順序拍過來，不是嗎？在剪輯時，電影裡的初枝女士在某種程度上，從活力充沛的樣子一直到邁向死亡而變得虛弱，您非常完美地表現出了那個變

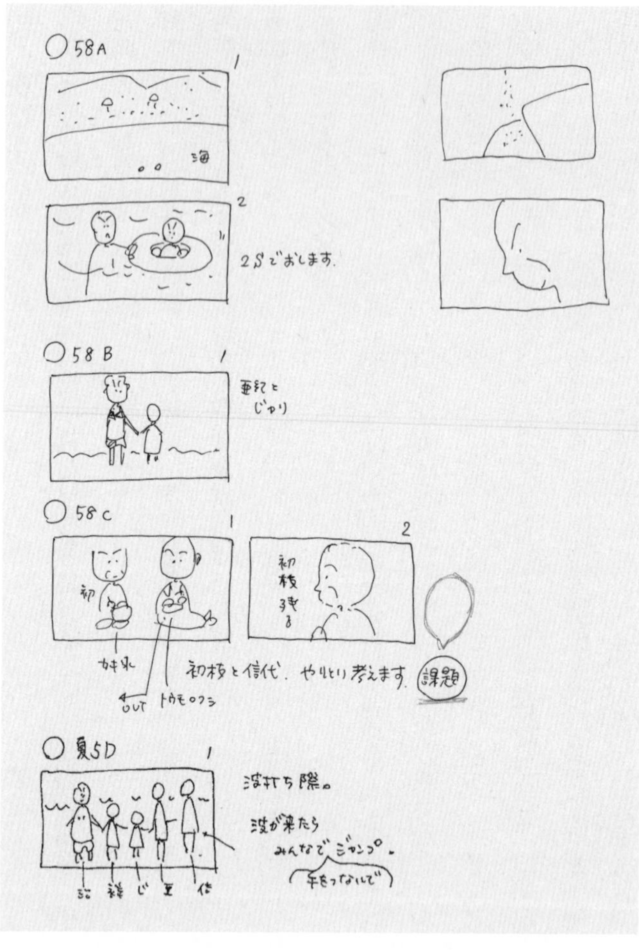
○58A
海
2Sでおします。
○58B
亜紀と
じゃり
○58C
初
初枝残る
姉妹
OUT
トウモロコシ
初枝と信代、やりとり考えます。
課題
○夏5D
波打ち際。
波が来たら
みんなでジャンプ。
手をつないで

是枝親筆畫的分鏡圖。

化的過程。

樹木 那個夏天的場景是因為什麼都還沒搞清楚，所以才顯得很虛弱。

是枝 是這樣嗎？（笑）

樹木 簡單來說就是因為沒有主體性（因為劇本還沒定下來），不知道要做什麼，只是懵懵懂懂地站在那裡，「攝影機好像對著自己，要不要說點什麼呢？」大概像這樣。因為安藤櫻*1小姐頂著光滑的皮膚站在我面前，我就脫口而出：「小姐，仔細看，你真漂亮呀！」等等。

是枝 今天首先想要詢問這件事，那句台詞並不在我寫的劇本上，但是希林女士卻突然那麼說了，為什麼會那麼說呢？

樹木 因為我真的那麼想。夏天的光線和那個美麗的肌膚，穿的衣服破破爛爛的、吃的食物（玉米）和那個吃相也是亂七八糟的，但有點想試著說：「真漂亮呀，小姐，仔細看你的臉真漂亮呀！」於是嘗試著脫口而出後，櫻小姐露出不知該怎麼回應的表情，我覺得那樣真棒。

是枝　看完這部電影後，大家都會想：「仔細看安藤櫻小姐也許真的算很漂亮。」

樹木　嗯，我是這麼想的。

是枝　希林女士為什麼會說出像是預知這個結果般的發言呢？雖然希林女士說：「我真的那麼想，」但我覺得應該不只那樣。

樹木　沒有那麼深奧啦。

是枝　是嗎？（笑）不過，多虧了那句台詞，我在劇本裡加上好幾個初枝拘泥於臉的小插曲，甚至也決定了要如何把櫻小姐漂亮地拍出來的執導方向。

樹木　那真是太好了。不過，我真的只是覺得很漂亮而已。

是枝　我不知道那能不能稱為母性，櫻小姐飾演的「沒生過小孩的信代」在收養了一個女孩後，表情就變得非常溫柔。不知從何時起，我一面想著那真是令人肅然起敬，一面拍著。而這些的起點，正是那個夏天的場景中希林女士的台詞。

樹木　說到肅然起敬，那幕飾演丈夫的Lily先生和櫻小姐的愛情戲。外面下起傾盆大雨，在戶外玩耍的孩子們跑進家裡說：「你們在做什麼？」將毛巾唰地蓋到孩子們頭上搪塞過去，用那樣的方式巧妙呈現出日常的模樣，我邊看邊想著真棒啊，大家做得真好啊！此外如果是一般的電影，會稍微再遮掩一點裸露的部分，攝影機也會稍微避開，但是兩個人都以「工作人員看到沒關係，只要沒拍到就好了」的態度乾脆地脫掉衣服。因為是枝先生也面不改色地拍著，我就想不料他竟是個好色之人啊（笑）。不過那真是出色的一幕，從各種角度來說都很令人佩服。

是枝　關於夏天的場景我還有一點想要詢問。最後一個鏡頭，也是飾演初枝的希林女士在電影裡的最後一個鏡頭，看著家人在海邊興高采烈玩耍的側臉，您在嘀咕著什麼吧？在拍攝現場我並不知道您在說什麼。剪輯時也解讀不太出來，直到和剪輯人員反覆觀看後，我懂了。您是說：「謝謝了。」

樹木　咦……真的嗎？

©2018　フジテレビジョン　ギャガ　AOI Pro.

是枝　您確實這麼說，我內心一陣發寒，因為那個台詞我也沒有寫在劇本上。我本來是想這個側臉真棒呀，真是適合當最後一幕的鏡頭啊，但不僅如此，還加上對著沒有血緣關係的家人說「謝謝了」的台詞……。

樹木　我這麼說了啊……。不過，在那個夏天的海邊我真的有那種感覺。算是歪打正著吧，若真要說應該是因為是枝先生信任演員，才有可能，雖然我不是真能被信任的那種演員。演出是枝先生電影的人應該都會這麼想吧。

哪種顏色的顏料才能凸顯繪畫？

是枝　我也有相關的事想詢問。前幾天我看了《綠野仙師：熊谷守一》[*2]。那是描述畫家熊谷守一[*3]晚年某一天的電影，希林女士飾演的是山崎努先生的妻子秀子。那是部非常傑出的作品，在那裡面也有即興演出，或更確切地說是希林女士即興想出來的台詞，對吧？

樹木　不，說是即興演出但那並不是真的即興演出。我認為在現場脫口而出才算即興演出，但我覺得，若因此令演對手戲的人不知所措，或被認為無視導演的指示就不好了，所以我會事先告知導演一聲。也就是說，那變成預料之中的反應，以我的角度來說無法期望得到真正即興演出的效果，變成是思考後再行動的感覺，說實話我不是很滿意。

是枝　有一幕是希林女士聊著死去的孩子的場景，那句台詞並不在劇本上，對吧？

樹木　嗯，那地方也不好演，我覺得刻意提到死去孩子的事不太符合那個家的風格。

守一先生常說一句話：「我是個小氣鬼所以還會活很久。」雖然電影裡沒有講出來。我想說，我也那麼長壽，守一先生即使年過九十還說自己會活很久，看著那樣的丈夫，我不禁吐出：「我們家孩子那麼早就死了」這種話。雖然有點投入感情、又好像沒有般模稜兩可的感覺，但我想：「嗯，這種感覺也不錯。」因為我是那種一旦拍攝結束，什麼都會說ＯＫ的人（笑）。不過我認為有表達出並不是那麼意味深長，但也不是不經意脫口而出，而是不小心吐露出真心話的那種感覺。

是枝　我覺得那地方非常精采。電影是以熊谷守一的家和庭院這些狹小空間來呈現整個世界，因此一直持續著日常的描寫。是某種，算不上烏托邦，但在持續著夫妻兩人幸福的時光中，一大群人圍著壽喜燒鍋邊的喧鬧場景結束後，突然變成只有守一和妻子兩個人時，透過希林女士的那句台詞，第一次也是唯一一次出現了死亡的話題。至此，眼前的一切瞬間改變了。雖是若無其事般地說，卻有種一塊楔子插進來的感覺。

樹木　是那樣嗎？……那樣的話太好了。

是枝　關於為什麼會出現那樣的台詞，我覺得應該是您讀完整部劇本，在將自己與守一先生放到裡面時，覺得少了些什麼才那麼說的。

樹木　嗯，沒錯，少了些什麼。

是枝　我覺得那地方非常厲害。通常的即興演出都是當場靈機一動的東西，因此我不是很喜歡。

樹木　導演不贊同吧。

是枝　但是，希林女士在那裡拋出來的台詞或表演，在《綠野仙師：熊谷守一》是，在《小偷家族》裡也是，我想希林女士應該是一面看著整部作品，一面想現在缺少了什麼，而針對那部分自己多說哪句話可以彌補，以接近導演般的眼光縱觀全局。

樹木　我自己倒是沒有那種感覺。在《小偷家族》裡，我只是反射性地說出心裡所想的事，並不是判斷在那裡應該要那麼說比較好。在《綠野仙師：熊谷守一》，則是在讀劇本時萌發「在某個地方突然提起孩子的話題吧」的想法，不是認真面對的那種，而是在忙亂中參雜進去就好。被說是導演什麼的就太高攀了。

是枝　不，我覺得是如導演般的喔。

樹木　不過，我也許真的有用俯瞰的角度看事物的特質。因為我學到了融會貫通劇本的重要性，在森繁先生最討厭的新劇裡。（笑）

是枝　回溯到那麼久以前嗎？

樹木　嗯，在文學座裡學到的。劇本誰都會讀，但是必須要思考在劇本裡，自己要變成哪種顏色的顏料才能使畫變得格外醒目。如果都是厲害的導演那當然很好，但不是的時候，包含要怎麼活用自己，要一面思考自己在畫布上顏色的位置一面讀劇本，這點在文學座裡教得很透徹喔。

說到為什麼無法忘記這點，那是因為森繁先生是個完全不重視劇本的人。他瞧不起新劇喔（笑）。「什麼瀧澤修*4、什麼宇野重吉*5。我說你啊，我這種的……」他輕蔑地說。因為我身處兩者之間，所以深知兩者的優點和缺點。確實以新劇來說，語尾不能說「～呀」、「～吧」等等，但是執著於那種沒意義的地方演戲也會變得愈來愈無趣。一開始當演員時就看到這兩者的差異對我來說很關鍵，藉此我也養成了用俯瞰的角度來看整體的習慣。

題外話，前不久我參與了NHK山中伸彌*6教授主持的節目《人體　神秘的巨大網路》*7。因為我曾經罹癌，現在仍癌症纏身，所以被找去。在那個節目上提到了「身體裡只有心臟不會得到癌症」，因為心臟是會漸漸壞死的，細胞不會再生，所以心臟如果得病就會死掉。然而現在，據說在美國某地，醫生在進行研究，讓細胞再生後使心臟復活的治療法有大幅進展。於是我說：「那麼，以後就會有心臟癌了，是不是？」山中先生說：「你那是研究者的想法。」（笑）原來所謂研究者是那樣思考的。

被這麼一說，我確實經常想：從這個角度來看怎麼樣、從那個角度來看怎麼樣，有以俯瞰的角度來看事物的習慣。如果這邊有人笑，那麼那邊也會有人哭等等，我似乎有這樣的習性和毛病呢。雖然我有一大堆壞心思，但總覺得那些壞心思應該也是這樣衍生出來的吧。

「哇，老人斑好多」

是枝　這次，希林女士提議「想把假牙拿掉」，對吧？

樹木　我已經厭倦自己出現在畫面上的臉了，假牙拔掉之後看起來完全不一樣。

訪談時的一張相片，
這是希林女士最後一次來到分福。

是枝　確實不一樣呢。

樹木　如果是好人家的老婆婆就不能這麼做，住在那種破破爛爛房子裡的老婆婆就無所謂。

是枝　說想要把頭髮留長的也是希林女士，您說因為老年人把頭髮留長會令人感到不舒服。

樹木　沒錯沒錯。

是枝　那點也非常棒，我覺得將那個畫面畫龍點睛了。

樹木　我死去後，小亞紀（松岡茉優*8）梳著我頭髮的場景，對吧？那裡我也覺得很棒。如果能稍微多拍到一點身體就更好了（笑）。因為對觀眾而言並不想看到屍體的臉，所以沒必要從臉開始拍，但可以多拍一點身體。雖然我想邊撫摸著臉邊梳頭髮比較好，但只有頭髮也可以，畢竟已經知道是屍體的頭髮了。

是枝　不過我有稍微拍到額頭附近。

樹木　假牙啦、頭髮啦，我會突然想到這些無聊的東西，因此，我想以氛圍來說應該與《比海還深》裡的母親角色不同了。

是枝　要說哪裡不一樣，我想大概是透過一些小地方來表現吧。吃東西的方式、坐在被爐裡的坐姿、張開腳的方式等等，「因為是住在那個破房子裡，至今為止起碼做過一些壞事的老婆婆在吃飯，所以應該要把腳張成這樣，用這種方式吃飯吧！」您可能是這麼判斷後演出的。一開頭還有個邊吃烏龍麵邊剪腳指甲的鏡頭，那個老婆婆出現在畫面上的瞬間，馬上就能看出來她過往七十幾年的歲月，與《比海還深》那個住在社區裡的老婆婆相距甚遠。雖然住在社區裡並不算高人一等，但畢竟是公有住宅。

樹木　那當然和是枝先生的母親不同（《比海還深》是以是枝的真實經歷為基礎撰寫的劇本）。我女兒第一次看《小偷家族》的預告片時說：「沒有拍到媽媽喔。」之後過了一陣子，她又看到預告片，驚訝地說：「竟然有拍到媽媽！你拿掉牙齒了嗎？」對女兒來說，母親把自己的醜相展現給全世界看是件難以想像的事，雖然那不是什麼需要在意的事，因為最重要的是，本人完全不在意。

是枝　說到吃東西的樣子，負責照顧貧戶的民生委員大叔到家裡訪問的場景，希林女士吃著橘子，那個吃法也讓人很驚訝。

樹木　我是怎麼吃的？

是枝　留著外皮啃食，像要刮下果肉般，那裡我並沒有做出任何指示。

樹木　喔，因為沒有牙齒啊，所以要用牙齦刮下果肉，我確實是那樣吃的。

是枝　像那樣的地方隨處可見。希林女士這次也刻意做出令人有點不舒服的演法吧？

樹木　與其說是令人不舒服，應該是表現出「和沒有牙齒的人一起生活就是這樣喔」的感覺。現在的人很多沒有和祖父母一起生活過的經驗，對吧？因此，我想讓他們先看看，人上了年紀就會變成那樣。其實對演員來說讓別人看到自己奇怪的樣子、醜陋的樣子是很丟臉的，但我好像有那種奇妙的使命感和故意暴露缺點的傾向。（笑）

是枝　雖然您說是刻意暴露缺點的傾向，但我覺得不是，應該是您察覺到我這次想要呈現的東西所以才那麼做的。夫妻的裸露愛情戲也是，我這次想要強調這種直接的東西、肉體的東西，並有意識地將這些放到電影裡。在拍攝時，飾演百合小朋友的佐佐木光結*9牙齒掉了，從結果上來看那和希林女士的假牙重疊在一起，因此我加上百合掉牙齒的片段；另外祥太（城檜吏*10）在清晨胯下會脹大的片段也原原本本地寫上去了。

像這種肉體上的東西至今我幾乎沒有描寫過，但這次的劇本是打算在家人的故事中把那些帶進去而開始寫的。我覺得希林女士大概是在理解這些之後，與小孩子漸漸長大相對，思考要怎麼用肉體上的方式來呈現老婆婆年華老去這件事。

樹木　嗯，我確實是想這麼做。

是枝　您說：「可以拿掉假牙嗎？」時，我問：「和亞紀去甜點店的場景怎麼辦？」您回答：「紅豆湯的話我可以小口喝喔！把年糕含在嘴裡不就好了嗎？」

實際上拍了那個場景後，那個吃年糕的表情真的非常精采。您一定是在某處下了「這個故事裡需要像這種肉體上的存在感」的判斷。

樹木 嗯，是在看到那間房子的時候。

是枝 是要用不輸給那間房子的強烈感受來演吧？那個吃橘子的模樣也是、剪指甲也是、頭髮也是，我覺得把這些肉體上的東西很強烈地表現出來，所以完全不輸給那間房子。

樹木 雖然沒有輸，但是卻被討厭了。

是枝 關於死後梳頭髮的場景，那頭髮是好幾天沒有洗的狀態吧？

樹木 嗯，沒有洗。

是枝 觸碰沒洗的頭髮……。

樹木 很噁心。

是枝 況且還已經死了，就算是活著也夠讓人不舒服了。但是，我覺得亞紀邊摸頭髮邊哭泣時，並不只是單純悲傷而已。在那之後，雖然屍體被埋葬起來了，但是為了營造人還在的假象因此需要頭髮。於是我想：「原來如此，希林女士剛開始設定的東西產生效果了啊！」真叫人心服口服。

樹木　我都是靠直覺在設想的。現在回想起來才發現：「原來如此、對耶！」但拍攝現場不可能這麼有邏輯性。不過，能一個個挑出這些東西真的讓人很感激呢。只有假牙那裡我怕嚇到導演，因此事先知會一聲：「我要拔掉試試喔！」

是枝　還有一個地方我覺得滿佩服的，是夏天的海邊場景，希林女士將沙子撒在小腿附近。雖然我忘得一乾二淨了，但撒沙子這件事我是有寫在劇本上的。

樹木　嗯，有寫在劇本上。

是枝　在那裡，希林女士邊撒沙子邊說：「哇，老人斑好多。」我並沒有寫那句台詞，那也是針對自己的身體說出來的吧？如果是像我在劇本上寫的單純往腳上撒沙的話，就會變成有點感傷的場景，但是在那裡說出「哇，老人斑好多」這句台詞，便使得情緒不會太過浮濫。

樹木　那個啊，畢竟不是綾瀨遙往腳上撒沙子，我是人生後半段的老人了，當然是「哇，老人斑好多」呀。

是枝　不，我覺得非常好，希林女士彌補了我劇本上的弱點。

樹木　這樣啊。雖然破壞的地方應該也不少（笑）。

是枝　沒有沒有。聽了您口述後又再次感受到，希林女士在俯瞰電影整體時，會以很嚴格的角度審視缺少了什麼、針對那點自己可以做什麼、不能做什麼。那個嚴格的眼光，既會放到自己身上，也會放到導演身上。所以和希林女士合作每次都需要決心，像是劇本不夠嚴謹的地方也會被指出來。但在書寫劇本階段接收到如此坦率的批評，真是受益良多。

樹木　不過很煩人吧？以導演的角度來說。

是枝　沒有那回事。

樹木　那是因為導演有才能喔。

是枝　但是，能以這樣的關係製作電影真的很開心呢。聽了希林女士無意間說出的台詞，思考為什麼在這裡會說「真漂亮」呢？然後接續寫下去，雖然我在現場並不會向希林女士確認這些。

樹木　嗯，在現場不會說這些。

是枝　如果問了說不定反而會被說：「連這種事也不懂嗎？」（笑）

樹木　不會，我不會說那麼失禮的話啦。

前幾天，電影發行公司 GAGA 聯絡我，說我演《比海還深》的母親角色拿到了波士頓獨立製片電影獎的最佳女配角獎。當下我只回了「喔喔這樣啊」，但是女兒告訴我：「媽媽，這裡寫了幾個女配角獎入圍者的名字，這個人是今年得到奧斯卡金像獎女配角獎的人喔！表示你贏了這個人耶！」我說：「那，我豈不是很厲害嗎？」（笑）在不知何時，或者說到了晚年，能在某種機緣下相遇，遇上這樣重視我的人，我真的非常感激。不過，跟導演合作這是最後一次了。

是枝　這樣我很困擾（笑）。請別說最後一次，今後也請多多指教。

四月九日。雖然還沒完工，但剪輯到一半時，我收到看過《小偷家族》的坎城國際影展代表傳來「入選競賽單元」這令人開心的通知，我馬上聯絡了也哉子小姐。因為我不確定希林女士還有沒有體力在五月搭飛機到法國，在告知本人前，我想先與能做出最冷靜判斷的也哉子小姐討論。

「我問問看，我想她應該會說要去。」也哉子小姐立刻回覆我。

四月十一日。電話中的希林女士，因為馬上要前往洛杉磯旅行而興高采烈。

「嗨——Mister 是枝……」

她在「枝」上加了重音叫我。

「恭喜！現在大家一起在赤坂的《砂場》吃蕎麥麵喔！你應該把運氣

都用光了吧？沒關係，我會先繞去倫敦，和也哉子一起去坎城的，真期待啊！Mister 是枝。」

雖然不太記得第一次跟希林女士提《小偷家族》是什麼時候了，但我記得確實是在那家拉麵店裡。我將簡短的情節圖遞給坐在桌子對面的希林女士，「我拍喔！」希林女士罕見地馬上答應。

我是在二〇一五年六月十二日開始做製作筆記的。筆記封面上寫著「小偷家族」，下一頁有大阪「疑似教唆小孩偷釣具[*11]」的報導。數頁之後，黏著標題為「詐領年金[*12]『為了生活費』隱瞞父親之死詐領一千兩百萬日幣」的新聞影本，起點無疑是這兩個事件。在這個階段，我就已經設想讓 Lily 先生來演偷釣竿釣魚的父親、讓希林女士來演最後被埋在地下的祖母。

情節圖的第一稿是八月二十日，共十二頁A４。八月下旬，在神奈川的茅崎館集訓中改寫，變成十八頁A４。標題是「發出聲音叫喚吧」。九月，為參加《海街日記》上映前往西班牙，在飛機上再次改寫，將標題的「發出聲音～」改成「波浪」。在這個階段，有了祥太在電視棒球轉播裡看到波浪舞，想去一趟海邊的設定。同時也完成了《比海還深》及《第三次殺人》[*13]的事前研究。二〇一七年春天。等待《第三次殺人》完成正式上映前的準備。

五月十三、十四日進行小孩角色試鏡。二十五、二十六日進行亞紀（此時的名字為美津江）一角試鏡。與松岡茉優見面，苦惱。雖和一開始預想一無可取的女兒不同，但想拍拍看。六月四日，為了與編劇坂元裕二[*14]先生對談重看《問題餐廳》[*15]中松岡小姐的演出，因演技太精湛而下定了決心。同時，前往育幼院取材。六月五日，在與 Lily 先生對談中提到：「這次我想要拍攝性愛畫面。」

七月二十九日，演員會面。在東寶攝影所的中庭拍攝「全家福」照片。希林女士提議「我想拔掉假牙演出」，並拋出疑問「我不懂（像松岡

（小姐）這麼可愛的小孩出現在那個家裡的必然性」。看來希林女士似乎以為我罔顧角色特質而選了自己喜歡的類型女子，「所以我才說男人啊……」她低聲咕噥著。我必須徹底消解這個疑問，否則松岡小姐太可憐了。

十月二十九日。在從洛杉磯返回東京的飛機上，我想到一個點子，將亞紀設定為「拋棄初枝（希林女士）的前夫的孫子」。加上將圍繞亞紀的故事收回到那個「家族」的情節。十一月七日，在西川美和指點下，加強了「在雜貨店被說『不要讓妹妹做這種事喔』的祥太，心中萌生罪惡感，因此對向來尊敬的治（Lily先生）信賴感崩壞」的縱軸。另外，也收到砂田麻美[*16]的心得，指出「那個家族應該需要朝某種巨大的目的（犯罪）採取行動的劇情吧？」有道理，但是，我不想那麼做。警察也是這麼想的：「那個家族應該有什麼『企圖』或是『目的』吧。」但是，沒有那種東西。那種事「對我們而言」無法理解，我設定了這樣的劇

二〇一七年七月二十九日。

演員們第一次會面後，攝於東寶攝影所。

情發展。

十二月二日，定裝。讀了劇本後的希林女士傍晚打電話來。關於亞紀老家的背景：「我完全無法理解那樣幸福的家庭（前夫的兒子的家庭）會養出那樣的小孩（亞紀）……。雖然我理解你是想襯托初枝，但我可以只是個寂寞又孤單的人喔。那樣的人滿街都是喔……」因為希林女士這麼說，我反而想到亞紀有個成長得很好的妹妹，此外她也持續勤練亞紀放棄的小提琴，而亞紀將那個妹妹的名字拿來當她的花名。

十二月十五日，冬篇開拍。從治的施工現場場景開始。Lily 先生其實是個運動神經非常好的人，正因為如此才很擅長演出動作慢又遲鈍的男人。治的這種「沒用感」非常令人佩服。被希林女士點名「為什麼這麼可愛的孩子……」對其存在抱持疑問的松岡小姐毫不退卻，拍攝的空檔也坐在希林女士身旁，主動積極地述說自己試鏡不斷落選的事，愈聊愈起勁。「被緊抓不放了呀！」我想。十二月二十八日，希林女士和松岡小姐在甜點店的場景。不管是即興演出將放入嘴裡舔過的年糕擺進松岡小姐碗裡的希林女士，還是順著演下去的松岡小姐，兩個人都非常傑出。晚上，在剪輯時，我用LINE將希林女士的照片傳給松岡小姐後，松岡小姐傳來了企圖心十足的回覆：「有朝一日我也想帶著這種說服力被拍下來。」

當初對於希林女士的評論：「你的臉很難記耶，在其他地方遇到我一定認不出來。」松岡小姐回應：「沒錯！我常被這麼說。」但是不久後，「你啊，拍了不少廣告耶！」「是的，託您的福。」「那一定是因為你的臉沒有特色，對演出各式各樣角色來說是優點呢！」希林女士的評價完全反轉了過來。過年後要開始棚內拍攝時，松岡小姐被問道：「你啊……如果要整形的話會想整哪裡？我的話是鼻子。」這種帶有親密感的語氣，我也終於放心地想：「沒問題了。」

二〇一八年一月二十七日，殺青。馬上進行剪輯工作。只有一個月的時間，是平常的一半。以殺青後兩個多月的速度，《小偷家族》完成了。雖然並非預見希林女士病情的變化，但從結果來看，也許加速完成是件好事。

印象中，在坎城國際電影展的希林女士和一個半月前相比消瘦了許多，走起路來也十分勉強。即使如此還是前來參加令我十分感激，但另一方面也受到「總算趕上了……」和「我是不是勉強她了」的心情左右拉扯折磨著。

在記者會上，有人舉手向希林女士提問：「你覺得為什麼日本導演們都想和你合作呢？」

「這個嘛……我也不太清楚。」

應該也是有點不好意思，說完後希林女士就表示：「好，結束。」並放下麥克風。於是我就以接續其後的形式，說明為什麼邀請她演出，以及對導演來說有像她這樣的演員存在是多麼幸福的事。說到一半時，我發現並排坐著的松岡小姐哭了起來。她看著希林女士的樣子，應該也知道病情發展了吧。但我想她流淚的理由不僅於此，那是感情豐沛、具有自我風格的眼淚。當下，我打從心裡想，拜託松岡小姐來演亞紀這個角色真的太好了。

紅毯我是挽著希林女士的手一起走的。心情上說不上開朗或喜悅，希林女士的手緊抓著我手臂，像是拄著什麼般非常辛苦。請小心別跌倒了，我一心只這麼想。

二〇一〇年。《奇蹟》開拍的前一天，我在鹿兒島和希林女士一起吃飯。面對面在桌子兩側坐下後，希林女士罕見地拿出了劇本。

「你呀……這部電影的大人都是配角，所以不用拍臉的特寫什麼的喔，這些厲害角色都能用背影來表現情緒，雖然我想你應該知道

CANNES
FESTIVAL DE CANNES
71e FESTIVAL
INTERNATIONAL
DU FILM
8 — 19 mai 2018

……」

真不愧是希林女士，我這麼想。

我當然知道那是以小孩為主角的電影，但由於大人們的選角全都如我所願邀約成功，所以我正在琢磨「那至少要每人拍一個特寫鏡頭吧」、「應該要準備精采畫面或經典台詞比較好吧……」的時候。

「好險好險……」

於是我回歸到最一開始預設的構想。事實上，開拍後最讓我驚訝的是橋爪功先生的演出。

「我什麼都不會做喔……」

即使鏡頭轉向他，也這麼說著，嘴角露出些許笑意。然後，他真的什麼也不做。不僅什麼也不做，甚至也不打算移動。透過他的不動，反而使一直在動的希林女士或是沒意識到他靜止的孩子們的描寫和對比更加明顯。俯瞰整部作品，看透自己的角色和安身之地的那種態度，確實和希林女士完全相同。我好像能理解兩位感情那麼好的理由了。

吃完飯離開店家，希林女士抓著我的手臂緩緩走著。這幾天，她似乎去鹿兒島的醫院做了重粒子放射線治療，她說：「身體好難受喔。」前往旅館途中，聊到了裕也先生的話題，那正好是女性問題被《Wide Show》拿來大肆議論的時期。

「欸，身為男人你怎麼看？」「這次連我也覺得不可原諒喔。我在想要不要開個記者會把所有事情都說出來……」

「啊……這樣啊……記者會啊……」

「因為我一直被矇在鼓裡喔……」

聽她這麼說，我知道希林女士一點點地恢復了生氣。結果，記者會並沒有開成。說實話我鬆了一口氣。

坎城的正式播映結束後，場內燈亮起，大家開始起立鼓掌。鼓掌時間的長度會被用在日後的宣傳中，因此以宣傳方的角度會想盡可能地拉長。影展工作人員也會在一旁等候，若他們判斷拍手還會持續下去，就會制止準備離開的我們，用令人害怕的眼神瞪向我們：「Stay」。

但是，希林女士會覺得：「不馬上離開好像是想要大家繼續拍手似的很難看。」被夾在這兩種想法之間，我必須拿捏邁出步伐的時機，無論從周遭的角度看起來如何，我其實完全沒有感動的餘裕。

不過，在現場向大家揮手、鞠躬時，我發現了觀眾席中的也哉子和櫻小姐的母親安藤和津*17女士哭泣的臉，「啊……將這兩組母女帶來這個場合真是太好了呀……」我因為這個和主題不太相干的事，淚眼汪汪。

六月九日出席首映見面會時再次見到的希林女士，身材變得更嬌小，除了站上舞台的時間外都坐著輪椅。似乎是盡可能不動、盡可能不消耗能量的樣子。即使如此，希林女士還是談笑風生：「今天是Lock之日……」將六月九日與Lock（譯者註：日文的六和九諧音Lock）連結在一起和大家打招呼、介紹前來製作祝賀蛋糕的鎧塚先生和松岡小姐等，在各種地方發揮希林女士風格的幽默。

我在悼詞中也寫到，這天分別之際，坐在輪椅上的她這麼跟我說：「把老太婆的事情忘掉，把時間花在年輕人身上。我不會再見你了喔。」

六月二十四日，我為新作品的準備工作前往巴黎。雖通過幾次電話，但希林女士果真如她所言，堅持不跟我見面。我開始進行預計十月開拍的新電影。

八月十四日，也哉子小姐傳來簡訊，希林女士因大腿骨骨折住院中。十九日，簡訊又說，手術後恢復不佳，情況非常不樂觀。雖然不知道能不能見到面，但我決定先回日本。二十二日，終究沒能見上面，我將信件投到希林女士家的郵筒裡。二十三日，回巴黎。

九月十五日，上午。我收到希林女士過世的訊息，再次回國。我從機場直接往守靈處移動。「我還沒當面跟你祝賀坎城影展拿獎呢！」也哉子小姐在玄關前與我擁抱。與剛從紐約回來的小伽羅聊了一下。到了桌邊，本木先生擔心地向我搭話。

「不和是枝先生見面真的沒關係嗎？」本木先生這麼問了希林女士後，第一次，希林女士說：

「沒關係，我已經跟他道別了，而且，我們見的面也夠多了。想見那個人的多著呢，接下來就讓年輕人……」

第二次本木先生又問：「真的沒關係嗎？」

「嗯……雖然慢慢死去的模樣，不只是小美代*18，應該也讓導演好好看看才能成為日後的養分，但也會有一種遺憾和感慨吧……。此外，凱撒琳・丹尼芙*19如果演得很好的話我會覺得不開心……所以稍微捉弄他一下（笑）。」

本木先生回想當時希林女士說話的模樣詫異地說：「我當時想，都這個時候了，她還能一派輕鬆地說出這樣的玩笑啊……。」聽了這番話，該說較能接受了嗎，雖然有點不恰當，但我的心情稍微寬慰了一點。

「這樣啊……她是因為我而在嫉妒啊……。」

從守靈處回家的路上，只剩我一個人，我突然想到九月十五日也是我母親的忌日，眼淚奪眶而出。

九月二十四日，參加兩年前與希林女士一起造訪的聖賽巴斯提安影展，我獲得了生涯成就獎這個大獎。這次 Lily 先生也和我一起，讓我很安心。在頒發獎盃的會場舞台邊等待出場時，會場熄了燈，開始播放我的職涯介紹ＶＴＲ。從《幻之光》[*20]到《小偷家族》，在十三部電影摘要的圖像中，響起了由 World's end girlfriend 樂團演奏的《空氣人形》[*21]主題曲和吉野弘[*22]先生的《生命》[*23]這首詩的朗誦聲。「生命／似乎被創造成了／只有自己一個人無法完成的樣子。」裴斗娜[*24]小姐朗誦生命和祝賀生命聯繫之詩，與希林女士的影像重疊在一起時，我明確地體悟到：「啊，希林女士已經不在了呀。」但即使如此她也會像這樣在電影裡繼續活著，這一刻，並非為了怕眼淚順勢流下，我抬起了頭。

註

＊1　安藤櫻

演員。一九八六年生於東京。演員奧田瑛二和散文家安藤和津的次女。姐姐爲電影導演安藤桃子。二〇〇七年，以父親奧田瑛二執導的電影《風的外側》出道並擔任主角。代表作有《愛的曝光》、《家族的國度》、《百元之戀》，NHK晨間劇《萬福》的女主角等。

＊2　《綠野仙師．熊谷守一》

沖田修一導演的電影，於二〇一八年上映。主角爲九十七歲過世前持續作畫的畫家熊谷守一，以虛構的故事描寫他晚年的某一天。

＊3　熊谷守一

畫家。一八八〇年生於岐阜縣。一九〇〇年進入東京美術學校就讀。一九一五年開始持續參與「二科展」的展覽，被稱爲「仙人畫家」。一九二二年與大江秀子結婚。人生的最後二十年幾乎足不出戶，晚上在畫布上作畫數小時，白天則在自家的庭院裡度過。一九七七年過世。

＊4　瀧澤修

演員、導演。一九〇六年生於東京。以築地小劇場研究生的身分首次踏上舞台演出。戰後，與宇野重吉等人創設劇團民藝，擔任負責人。代表作有《炎之人》、《推銷員之死》、《海鷗》、《名爲奧托的日本人》、《狂氣與天才》等。一九七〇年代開始，亦親自參與《那個妹妹》、《安妮日記》執導工作。二〇〇〇年過世。

＊5　宇野重吉

演員、電視劇導演、電影導演。一九一四年生於福井縣。與瀧澤修等人創設劇團民藝，參與《深淵》、《海鷗》、《等待果陀》、《夕鶴》等舞台劇演出。主要演出的電影作品有《愛妻物語》、《第五福龍丸》、《金環蝕》等，電影執導作品有《心愛的亞耶》、《硫磺島》等。長男爲演員、歌手寺尾聰。一九八八年過世。

＊6　山中伸彌

醫學家、京都幹細胞（IPS）研究所所長、教授。一九六二年生於大阪府。自神戶大學醫學部畢業後，進入國立大阪醫院整形外科擔任臨床實習醫生。大阪市立大學研究所畢業後，於加州大學舊金山分校格萊斯頓研究所開始進行幹細胞研究。二〇一二年，由於「發現逆轉成熟細胞後可以具有多能性」而與約翰・格登共同獲得諾貝爾生理學・醫學獎。

＊7 《人體 神秘的巨大網路》
NHK大型特別企畫，自二〇一七年九月開始的紀錄片形式特別節目。主持人爲塔摩利與山中伸彌。

＊8 松岡茉優
演員。一九九五年生於東京。八歲即加入藝能事務所。二〇〇八年，擔任《早安攝影棚》的「早安少女」。二〇一三年，演出NHK晨間劇《小海女》而成爲家喻戶曉的人物。二〇一七年，於《被愛妄想症》中首次演出電影。主要作品有《聽說桐島退社了》、《流浪者年代記》、《花牌情緣》等。

＊9 佐佐木光結
童星。二〇一一年生。電影演出作品有《便利屋輓歌》、《小偷家族》。也拍過MISAWA HOMES及亞馬遜等廣告。

＊10 城檜吏
演員。二〇〇六年生於東京。七歲時被星探挖掘，開始演藝活動。電影作品有《鄰座的怪同學》、《小偷家族》。二〇一八年，於NHK大河劇《西鄉殿》中飾演少年時期的西鄉菊次郎。

＊11 「疑似教唆小孩偷釣具」
二〇一五年三月，在大阪府吹田市的釣具店裡，因教唆長男（十四）、次男（十二）、長女（九）偷竊釣具，父親（三十六）及母親（三十三）以竊盜罪嫌被逮捕。雙親宣稱：「是孩子個人行爲，」但經調查後證實他們利用手機對小孩下指令。此外，亦被查出身爲防水工的父親每個月雖有約四十萬的收入，卻詐領生活補助費。親子都熱中釣魚，他們在大阪北攝地區的釣具店反覆行竊，每當形跡敗露，雙親便在店員面前斥責小孩並道歉，以此逃過報警、法辦。

＊12 詐領年金
二〇一〇年七月十五日，在東京足立區的民房裡發現戶籍登記爲「一

百一十一歲」的男性遺體。原來家屬一直假裝男性還活著，從公立學校互助會詐領互助年金高達九百一十五萬日幣，男性的長女（八十一）及孫子（五十三，兩者皆無工作）以詐欺罪嫌被逮捕。

＊13　《第三次殺人》
二〇一七年九月上映，是枝第十二部電影作品。律師從辯護的立場凝視潛藏在殺人犯內心深處的本意，推想出全新眞相的法庭懸疑電影。由福山雅治與役所廣司主演。

＊14　坂元裕二
編劇、劇作家。一九六七年生於大阪府。十九歲時獲得第一屆富士電視台青年劇本大獎。一九九一年，以《東京愛情故事》爲首，創作出《愛在聖誕節》、《最棒的離婚》、《Woman》、《兩個媽媽》等受歡迎的作品。二〇〇八年，以《我們的教科書》獲得向田邦子獎。二〇一一年，以《儘管如此也要活下去》獲得藝術選獎放送部門新人獎。是枝與坂元的對談收錄在是枝裕和對談集《思考世界與現在》中。

＊15　《問題餐廳》
富士電視台二〇一五年於木曜劇場播出的電視連續劇。松岡茉優飾演對人高度恐懼、總是穿著帽T的主廚，演技精湛。

＊16　砂田麻美
電影導演、小說家。一九七八年生於東京。慶應義塾大學綜合政策學部畢業後，以自由導演助理的身分參與河瀨直美、岩井俊二、是枝導演的製作現場。二〇一一年，於紀錄片電影《臨終筆記》中首次執導。二〇一三年，以吉卜力工作室爲題材的《夢與瘋狂的王國》上映。二〇一九年，擔任電視劇《潤一》的編劇。連作短篇集《一瞬間雲的縫隙》二〇一六年被《書的雜誌》選爲上半年度最佳作品。

＊17　安藤和津
散文家、藝人。前CNN主持人。一九四八年生於東京。祖父爲曾任內閣總理大臣的犬養毅。上智大學文學部肄業。經歷兩年英國留學生活，一九七九年與演員奧田瑛二結婚。長女爲電影導演安藤桃子，次女爲演員安藤櫻。

*18 小美代

指淺田美代子。

*19 凱撒琳・丹尼芙

演員。一九四三年生於法國巴黎。十多歲出道演電影，一九六四年的電影《瑟堡的雨傘》大受歡迎，使其成爲世界知名巨星。一九九二年，以《印度支那》獲得美國奧斯卡金像獎最佳女主角獎提名。代表作衆多，有《柳媚花嬌》、《青樓怨婦》、《最後地下鐵》、《五克拉愛情》、《在黑暗中漫舞》、《八美圖》等。爲是枝最新電影作品《眞實》的主角。

*20 《幻之光》

一九九五年十二月上映，爲是枝第一部電影作品。原作爲宮本輝同名小說。以平靜的視線描寫一個丈夫不明原因自殺的女性，從悲傷中復原的過程。主演者爲江角眞紀子、淺野忠信、內藤剛志等。於威尼斯國際影展獲得金奧薩拉獎。

*21 《空氣人形》

二〇〇九年九月上映，爲是枝第八部電影作品。是枝以業田良家傑作短篇集《業田哲學堂　空氣人形》中，描寫充氣娃娃愛上人類的同名作品爲中心重新撰寫的劇本。主演者爲裴斗娜、板尾創路、ARATA（現在的井浦新）等。

*22 吉野弘

詩人。一九二六年生於山形縣。商業高中畢業後，進入帝國石油工作。戰後，在療養肺結核期間開始作詩，一九五二年將詩作投稿到《詩學》。一九五七年，個人詩集《消息》出版發行。代表作有詩集《10瓦特的太陽》、《沐浴陽光》、《夢霞》、《生命》、《爲了兩人和平相處》，散文《日本愛之詩》、《詩的推薦　詩和詞彙的道路》等。二〇一四年過世。

*23 《生命》

收錄於一九九九年角川春樹事務所出版的《吉野弘詩集》。主辦《橫山家之味》電影放映會的仙台市教師，幾天後說：「因爲覺得和是枝導演描繪的電影世界觀很相近，」於是分享這首詩給是枝。其中有一段「生命／本質上便懷有重要的匱乏／而因他者的存在而完滿」的部分和《空氣人形》的世界有所重疊，因此取得吉野的許可後在電影裡引用。

＊24　裴斗娜

演員。一九七九年生於南韓首爾。漢陽大學演劇電影科肄業。歷經模特兒、藝人，一九九九年於《午夜冤靈》中首次參與演出。代表作有《綁架門口狗》、《我要復仇》、《琳達！琳達！》、《駭人怪物》、《空氣人形》、《雲圖》、《道熙呀》、《朱比特崛起》、《失控隧道》等。

悼詞

是枝裕和

附註

守靈後，再飛回巴黎，收到也哉子小姐傳來這則訊息：「悼詞能麻煩您嗎？」歷經一番掙扎，我接受了。由於電影開拍在即，不可能爲了告別式回到日本，因此商請橋爪功先生替我朗讀。雖然壓力龐大，但我仍在旅館房間花了三個晚上把它完成了。內容雖與部分本書收錄的訪談重複，但我決定在此放上橋爪先生於告別式朗讀的全文。

首先，先為我無法在告別式上直接道別的失禮向希林女士的家人及出席的各位致歉，真的非常抱歉。還有最重要的，希林女士，對不起。但是，說不定希林女士一點也不希望我出現在這個場合，以哭哭啼啼的聲音道別。我眼前浮現了您的面容：

輕輕抓住始終站著的我手肘附近的襯衫，您帶著一如往常、頑皮孩子的微笑看著我的臉說：

「欸……你又不是家屬，要露出那種悲傷的表情到什麼時候啊。」

字典上陳述，悼詞是「悲痛哀悼人的死亡」，告別式則是如文面所示「告別」的場合。

希林女士患了重病後，我雖然意識到這一天總會到來，但是真的沒想過會這麼突然，令我不知所措。我的親生母親在很久前就已經過世了，但現在我陷在如同第二次失去母親般的悲傷泥沼中無法自拔。我想您對我而言就是那麼特別的存在。

希林女士和我第一次見面是在二〇〇七年，算起來我們的交情只有十年多一點。因此我接下來所描述的，僅僅是您的人生，以及做為演員的漫長職涯的最後幾頁而已。這樣的我夠格承擔書寫悼詞的重任嗎？我真的沒有把握。即使如此，經過一番苦惱掙扎後，我還是決定接受了。

現在朗讀這篇悼詞的橋爪功先生，是希林女士在文學座研究所時期的同窗，是互稱「橋爪君」、「Chaki」的舊識。

有一次，我請兩位飾演夫妻，趁拍攝的空檔在鹿兒島一起吃晚餐時，兩位進行著對口相聲般的對話。

在吧檯並排坐著，邊吃天婦羅，邊聊著希林女士最喜歡的撫恤金和整形的話題，只有聊到跟演技理論有關的內容時，言詞會突然犀利起來。那其中流露出歷經逾五十年歲月培養出的，對彼此的人品及演出的尊敬，我打從心底感到羨慕。我想著，有朝一日希望也能和兩位一起進行這樣的對話。雖然最後這個願望沒能實現，但像這樣請橋爪先生唸著我寫的悼詞，讓我有種稍微擠進兩位前輩之間的開心錯覺。

希林女士比我大了約二十歲，但我們兩人的關係，僭越地說，我想應該能以「氣味相投」道盡。此外，最重要的是，我們相遇的時機點很有緣。二〇〇七年，是我正要進入《橫山家之味》這部以母親為原型的電影拍攝準備的一年，希林女士則是在前一年失去了盟友久世光彥先生。

「如果久世先生還健在，希林女士還會不會選我為一起製作作品的導演，指引我前行呢？」偶爾這種想法會一閃而過。

將您在電影裡演出了久世先生想拍成連續劇卻沒能實現的《東京鐵塔》中老媽一角的原委前前後後思考一遍後，果然明顯感受到其中有著沒能實現的「心願」般的東西。當然，希林女士從未將久世先生的身影疊加在我身上，但我確實存在於您和久世先生之間，也抱著自己繼承了部分您們曾切斷一次的「緣分」的心情。

雖然我不知道為何希林女士那麼袒護我，但可能的一個理由是，我是從電視起家的，在電影的世界裡沒有任何能夠倚賴的師父或前輩，覺得如孤兒般的我很可憐因而格外掛心。

所以每次電影上映時，不是直接打給我，而是打給製片人確認觀眾的進場狀況，「那麼還能拍下一部囉！太好了太好了……。」希林女士這才放心地說。母親擔心不成材兒子打來的電話，一直到我的最新作品都持續著。

希林女士還請我吃了不少好料。

您一進到店裡就指示主廚：「我想吃整份套餐，但是分量幫我減半，」或是在壽司店提出不講理的要求：「不需要那種可有可無的串場食物，從最好吃的開始，分量減半端上來。」然後您會維妙維肖地模仿森繁久彌先生、渥美清先生或久世光彥先生的動作與措辭，一面說著那個人的事蹟給我聽。側耳傾聽那些讓我獨享簡直可惜的珍貴往事，我僅是附和著。您踏出店門後總會問我：「你覺得多少錢？」接著又以調皮孩子般的口吻笑起來：「很便宜吧？所以才選白天去，晚上的話很貴……。」您那種時候流露出的庶民的一面，也非常有魅力。

對我而言，與您相處的時光本身當然就非常愉快，但在內心某處，還是想設法彌補做為兒子在人生中沒能與親生母親度過的那些時光與懊悔。或許，我是想以此替代、滿足那無法倒帶重來的心願。雖然從未說出口，但以敏銳雙眼觀察我心境的希林女士，想必一開始就看穿了吧。透過將母親投射到希林女士身上拍電影、與希林女士吃飯聊天，我才得以慢慢從母親過世後的悲傷中一步一步復原。現在，我失去了另一位母親，又得再度展開從悲傷中復原的過程。

雖然方才我狂妄地說「氣味相投」，但即使如此，也不是所有的價值觀都一致。聊到喜歡的編劇，我第一個舉出向田邦子女士的名字時，您罕見地從正面窺視我的臉，表情僵硬地說：「咦……哪部分？」受到希林女士這個「咦……哪部分？」「咦……為什麼？」質疑時，能夠提出多有說服力的反擊會決定那個人的評價。

我冒著冷汗說出向田劇本的魅力，您說：「啊……是不和我們一起工作後的作品呀！」您說出那句話的時候，聽起來同時帶著安心與失落，十分不可思議。

我能以自己的角度想像出，您帶有雖對向田女士書寫緩慢一事束手無策，但仍與久世先生一起在電視上盡情玩樂的自負，及對於在那之後生病而轉往嚴肅的連續劇及文學世界的向田女士是怎麼想的。

播出後揮揮衣袖，乾乾脆脆什麼都不留下的電視及廣告，與您不執著於任何事物的純粹哲學才真的是「氣味相投」吧？

二〇〇五年，您罹患與向田女士相同的病後，將事業重心移向「會流傳下去」的電影，從留下獨特印象的「小配角」開始，到願意接受那種足以背負整部作品的主角。雖然我不曾直接詢問在此期間您的心境有何變化，但我也為了追上您的變化而向您提出電影邀約。

不過，我也懼怕「或許與我的相遇及我的作品風格，會將您『輕盈』的魅力從您的步伐及言行中奪走」。但是，看起來那似乎是杞人憂天。

您說：「我已經沒有體力拍電視連續劇了，」我問到即使如此受到請託還是持續演出《Wide Show》及花火大會轉播的理由時，您回答：「我在試探自己做為藝人，在這個時代具有多少意義和價值。」

那種腳步的輕盈與刻意不捨棄「雜務」的姿態，在從電視起家的我眼裡，是另一種無比的魅力。

正因如此，我對於報導您訃聞的新聞中，各式各樣的人稱您為「女演員」、「超級女演員」這件事，感到有些不自在。

我甚至想，那種概括方式其實反而將您的存在「矮化」了吧。希林女士一定也是這麼想的吧？

「因為我並不厲害。」

「我沒有那麼多可以拿出來的東西。」

這是您對於自己做為演員的自評，您常在拒絕工作的委託時將這些掛在嘴邊。《比海還深》這部電影時也是，您曾帶著一度收下的劇本來到事務所，在百般安撫的我面前，您不斷重複：「做不到！」「拜託！」劇本和對話在桌上來來回回了一個小時。

但一旦開拍之後，那種猶豫便一絲一毫都感覺不到了，您竭盡全力地讓角色活起來。您如同新人般，在休息室換好衣服後跪坐在社區的窗邊，認真背著台詞的身影，如今依然烙印在我眼中無法抹去。

那樣的您在去年春天我提出《小偷家族》的演出邀約時，即使連劇本都還沒完成，您立刻爽快答應了。以為多半會被拒絕的我，對您的態度既感到鬆一口氣卻又難以理解。

拍攝結束後，三月三十日來到事務所，您將PET影像拿給我看，代表癌症轉移的小黑點擴散到了全身骨頭。

醫生說所剩的時間頂多到年底。您說：「所以，這是最後一次和導演合作了。」

心中明白所距不遠的「那一刻」轉瞬來到眼前，我啞口無言。

我後悔讓您飾演死去的角色。但是或許，對那件事心知肚明的我，選擇了這些演員共同演出，雖不夠嚴謹，卻已先在電影中與您道別了也說不定。

希林女士也是那麼盤算而接受這個角色的，不是嗎？

因為「這是最後一部和是枝導演合作的電影」這句宣言，是去年十二月剛開始拍攝時，您就對前來採訪的記者們說出的話。電影完成，六月八日上映。希林女士應是打算在那裡斷然結束我們兩人的關係吧。邊抓著我的手臂邊拄拐杖站上舞台的那天，您在分別時對我這麼說：

「把老太婆的事情忘掉，把時間花在年輕人身上。我不會再見你了喔。」

然後真如您所言，隔天起，幾次我邀您喝茶都被拒絕了。我驚慌失措。我還沒做好心理準備。您骨折後住院時也是，我知道不能見面，便將信投進您住家郵筒。信裡寫滿洋洋灑灑、面對面傳達可能很難表達的感謝言語，是自以為是又令人難為情的內容。

然後，您一轉眼就啟程了。

一得知消息，我趕到守靈處，三個月不見的您被凜然而安詳的美包圍。見到您的模樣，我終於察覺，您刻意不與我見面，是為了讓我不過度受到失去您，及那種悲傷影響的體貼。

我像在電影裡那個沒有血緣關係的孫女所做的，用指尖碰觸您的頭髮與前額。

然後將您在電影裡說的最後一句話還給棺木中的您。

我認為人死去後存在就會遍及萬物。我在失去母親後，反而變得能夠在所有東西中、在街上擦肩而過的陌生人身上發現母親的存在。我決定透過這麼想度過悲傷。

我想現在，家人們失去妻子、母親、姐姐、祖母的悲傷，當然有我無從得知的部分。

但是，我打從心底祈禱，有天這些被留下來的人們能夠接受，如今的分別是您這個存在離開肉體，變得遍及世界萬物這件事。

請原諒我再提一件私事。

希林女士，您過世的九月十五日也是我母親的忌日。與母親分別的日子，又要像這樣與您分別，這個巧合令我心中的孤單格外難以忍受。將失去母親及與您相遇聯想在一起也許不正確，但可以肯定的是，正是因為我想設法將失去母親這件事化為作品，才得以與希林女士相遇。

因此，被留下的我，這次也同樣地必須設法將失去您這件事及這份悲傷，昇華成別的東西才行。我想，這就是身為與您一同走過人生短暫片刻的人的責任吧。

這麼做是我對於善待我這個孤兒，陪在我身旁並對我投注愛的您最低限度的報恩。

如同追趕著已啟程的您的背影般，我想對棺木中的您再重複一次我所說的最後一句話來總結我的道別。

希林女士。

謝謝您與我相遇。

再見。

二〇一八年九月三十日

是枝裕和

特別撰文

四隻眼睛

內田也哉子

是枝裕和，是擁有洞察之眼的人。

若要比喻那眼睛，與琥珀相似。它的色澤特殊，是耗費數千年樹脂化石化後重生、唯一以植物為起源的寶石，因為綻放溫暖而柔和的光輝，也被稱為「太陽之石」，同時它也具有歷經悠長時光將昆蟲包覆於其中、令人害怕的特質。總覺得兩者有共通之處。

此外，還有那罕見的眼神。宛如年幼的孩子，凝視從未見過的事物般，筆直、目不轉睛地，僅是注視著世界而已。這個「僅是注視著」是極其困難的行為，多數大人都會一閃而過某些偏見，曲解對方的純粹。人類是在看到不理解的事物時，要盡速在心中做出判斷才能安心的生物。但是，他的眼睛，無論何時都不先入為主地判斷，只是靜靜地觀察。

往往，對於被注視方而言，無論多麼明朗而溫柔的眼神，都會變成某種令人恐懼的體驗。在是枝先生面前，沒有比裝腔作勢更無意義、更滑稽的事了。一站在他眼前，便會滲出空虛的汗水想，自己是哪種人？從這張嘴說出來的話、身體表現出來的動作究竟有何意義？因此，總是只能保持誠實的樣貌。選擇呈現出無盡的本質，抑或，萬一言語虛假不實時，也必須以「是否能說出『真正的謊』？」的心境來對峙。

無論視野被何種森羅萬象遮蔽，是枝先生的眼睛肯定都會筆直、目不轉睛地，僅僅一直注視著，不久後，便會將之昇華到名為是枝作品的世界了吧。

樹木希林，是擁有洞察之眼的人。

「斜睨」，指的是斜視、見解或想法有誤之意，對於她的眼睛是斜視一事，有位韓國的電影評論家如此評論：

「同時具有注視現在之眼，以及注視過去抑或未來之眼。所以，這個女演員，很神秘，令人懼怕。」

事實上，經常感覺她雖注視著眼前的人或物，但思緒卻馳騁到不在此地的某處。但實際上，她看似沒有在看，卻全都看在眼裡，準確性到了令人感到害怕的程度。或許正因如此，她才能連遙不可及的未來景象都看得見也說不定。

小孩子不在乎合不合理，只在乎舒不舒適。現實中，我當時一歲的兒子，每次只要她靠近，一定會說：

「外婆，不要看！不要看！」

然後拚命往後退，避開她的視線。聽到孩子這麼說的她，會咯咯笑並稱讚道：

「真厲害呀！這孩子，知道我在看呢！」

是枝裕和的眼和樹木希林的眼「相會」，簡直是個事件。

至少，對兩人來說，無疑像是在西曆裡西元前和西元後般的巨大改變。兩人的關係並非好友、親子，亦不是師徒，但，也可以說全都算是吧。

在電影這個平台上相遇的眼與眼。那兩者，合不來時，有時會互相憎恨，甚至遭遇心死的寂靜。但是，合而為一時，會產生在恰如其分的緊張感中「啊，正是如此」的呼吸，做為「導演的眼」引頸企盼「演員的身體」，在創造驅使下，生命被捲入名為電影的怪物裡。但是，真悲哀，在創作現場，似乎很少遇到那種可遇不可求的幸福。僅以這點來說，這兩人的視線能夠碰在一起，就是件奇蹟般的事了。

兩人在十二年內，以導演和演員的身分合作了六部電影。能共同分享描寫「平凡無奇日常」的難度與必然性到這種程度的關係，也很稀有吧。他們在捕捉流淌其中的可笑與哀愁的眼光，具有絕佳的一致性。本來就不以功成名就為職志的希林，對作品也是，對導演也是，甚至對自己也不抱有期待地當了半世紀以上的演員。那樣沒有企圖也沒有欲望的她，說著不知是真是假的

「只是照邀約順序接工作」的她，一回神，已反覆與是枝先生共事多次了。這應該無需再多說什麼了吧。

希林過世前幾週，對我說了當時住在醫院病房裡做的夢。正確地說，由於她已難以發聲，所以是筆談。

> 八月二十二日是向田女士飛機墜落的日子。
>
> 是久世先生的伯父跳入鳴門海峽的日子。
>
> 昨晚　是枝先生和工作人員一起　行李箱丟旁邊在門口睡了一晚。
>
> 啊啊啊　我想：果然還是來了啊　之後因為在加護病房　各自分開睡　我也就放心了。為了布置以前男人與丹尼芙見面的咖啡廳，在這裡場勘後　召開記者會　說要見幾個人。
>
> 從外面看進來開著從前的七葉樹的花，真不錯啊　和外面的大廳

（最重要的是畫面）問題是使用了東京都的國立建築　無視小池小姐和安倍先生——

還有，畢竟要是被抱怨的話很麻煩呀——

此時，是枝先生為了籌備凱薩琳．丹尼芙主演的新作品，頻繁地往來巴黎與東京之間。即使如此，還是擔心身體狀況不佳的希林，數次提出希望見上一面。但是，每當我轉達時，她都一言不發地搖頭。事實上，《小偷家族》在坎城國際影展獲得金棕櫚獎，全世界都在向導演祝賀時，她直接對是枝先生這麼說：

「把老太婆的事情忘掉，把時間花在年輕人身上。我不會再見你了喔。」

被明確告知所剩時間不多，如實感受到自己體力衰退時，希林搶先採取的行動，是「抽身離開」。而且，愈是最重要的，愈是乾脆地道別。物品的整頓、整理與墓地的準備早已完成，在與人的關係上也一樣，單方面冷酷地向對方傳達「感謝」、「道歉」和「道別」。與分居四十年以上的丈夫內田裕也亦不例外，某天，拿起電話就這麼做了。沒有比這更像她作風的情節了。擇日不如撞日，無論對方怎麼想都由自己劃清界線，這樣的態度正是她的風格。

一有機會，希林便會如此提及是枝導演：

「拍攝現場的是枝先生，總是非常開心，好像拍電影是再快樂不過的事。拍攝對象從小孩到老人都有，肯定不可能一帆風順的。但是，他絕不會生氣，總是很有耐心，有禮而毫不馬虎，平等地對待所有人，真的是樂在其中啊。真希望所有演員都有機會體驗一次和這樣的導演一起拍片。」

生在這個世上，能找到自己天職的人不多。在那之中，這兩個人，無疑是帶著「導演」和「演員」的使命誕生的。奇蹟般誕生於同個國家，雖年紀有些差距，仍成為生在同一個時代、互相理解的盟友。如今，其中一方過世了，這次，輪到我以兩人身邊的旁觀者、以及親人的身分對是枝先生說：

「是枝先生，謝謝您，與母親相遇。」

結語

「啊，好可怕。我真的很不喜歡保留這些耶！」

二〇一六年三月十四日。這是當《SWITCH》進行《與希林攜手同行》這本特輯訪談時，希林女士看到桌上的錄音機所說的話。我跟她說，因為是月刊所以不會一直擺在書店裡，勉強讓她繼續接受訪談。

原本她就經常將「電視和廣告的優點是不會流傳下去」這句話掛在嘴邊。她喜歡這種播出後即消失的乾脆，或許也是因為如此才能痛痛快快玩樂。此外，如果希林女士所說：「演員是『暫時的角色』，將我放到『藝人』這個集合裡更適合。」是真心話，那「我不覺得有什麼應該保留的表演論」也就不是違心之論了吧。

在前面提到的《風與搖滾樂》裡，希林女士說：

「如果你死了，能幫我轉述的就只有淺田美代子了吧。」雖然是帶著慈愛的心情，但也表明了她的「不安」，甚至考慮要不要自己試著寫些什麼。對於箭內先生「已經開始寫了嗎？」的提問，

「沒有，一行都沒寫。」

希林女士這麼回答，大家一起笑了。

我們終究沒能看到她本人寫的那篇文章，因此至少要以這樣的形式，將希林女士圍繞著演技的「話語」化為文字保存，不是以雜誌而是以一本書的樣態陳列在書架上，這一點還望希林女士見諒。

在此我想感謝協助這本書出版的《SWITCH》新井敏記總編輯、槇野友人先生、作家堀香織小姐。《與希林攜手同行》是一本對我而言非常重要的書。

另外，還感謝內田也哉子小姐文情並茂的特別撰文，也哉子小姐是個擁有敏銳且溫柔之「眼」的散文家，能與希林女士一起出現在她的筆下世界，不

勝榮幸。

除了悼詞之外，我遵守與希林女士的約定，近一年來拒絕了所有電視和雜誌做為「轉述者」的採訪請託（事實上是我已全部寫在悼詞裡了），我試著將這本於週年忌日出版的書，視為曾暫時中斷的「復原過程」。

在法國拍攝的電影昨日終於殺青，借用希林女士的說法就是，為了擺脫「希林女士依賴症」，接下來要努力接受希林女士已然離去的事實，持續向前邁進了。

敬愛的對象已不在，觸手不可及。但是，正因如此，那個「不在」會令人思念。具有以這種「思念」為業的不幸特質的人就會成為作家，從這個角度來看，這本書對我而言應該是已無法寄出的「情書」吧。

是枝裕和

二〇一九年七月十四日

與希林女士的合作

Movie

◉ 橫山家之味／歩いても 歩いても／ Still Walking ◉ 2008

◉ 希林女士的角色：橫山淑子（主角橫山良多的母親）

某個夏日，良多帶著妻子由佳里和兒子淳一起回老家。這天是十五年前過世的哥哥的忌日。但是，對無法將失業說出口的良多而言，與父母的重逢只有痛苦……。

©2008 『歩いても 歩いても』製作委員会

【原案、導演、劇本、剪輯】是枝裕和【演出】阿部寬、夏川結衣、YOU、高橋和也、樹木希林、原田芳雄、田中祥平等【拍攝】山崎裕【燈光】尾下榮治【錄音】弦卷裕【美術】磯見俊裕、三松惠子【服裝】黑澤和子【配樂】GONTITI【廣告美術】葛西薫【企畫】安田匡裕【發行】Cinequanon【製作】TV MAN UNION、ENGINE FILM、萬代影視【片長】114 分【上映日期】2008 年 6 月 28 日【獲獎】聖賽巴斯提安國際影展編劇協會獎、馬德普拉塔影展最佳作品獎等。樹木以本作品獲得報知電影獎女配角獎、南特影展最佳女演員獎、電影旬報藝術電影女配角獎、藍絲帶獎女配角獎、東京體育電影大獎女配角獎等

◉ 奇蹟／奇跡／ I Wish ◉ 2011

◉ 希林女士的角色：大迫秀子（主角兄弟航一、龍之介的祖母）

因雙親離婚而被拆散，分別住在鹿兒島與福岡的小學六年級哥哥航一和四年級弟弟龍之介。期望有一天四個人能再一起生活的兩人，聽說在九州新幹線第一班列車交錯而過時許願，就能夠實現願望，於是與朋友開始擬定計畫。

©2011 『奇跡』製作委員会

【導演、劇本、剪輯】是枝裕和【演出】前田航基、前田旺志郎、林凌雅、永吉星之助、內田伽羅、橋本環奈、磯邊蓮登、小田切讓、大塚寧寧、樹木希林、橋爪功、夏川結衣、原田芳雄等【拍攝】山崎裕【燈光】尾下榮治【錄音】弦卷裕【美術】三松惠子【配樂】團團轉樂團【發行】GAGA【製作】JR 東日本企畫、萬代影視、白組等【特別贊助】九州旅客鐵道（ JR 九州）【片長】128 分【上映日期】2011 年 6 月 11 日【獲獎】聖賽巴斯提安國際影展最佳劇本獎、亞太影展最佳導演獎等

◉ 我的意外爸爸／そして父になる／ Like Father, Like Son ◉ 2013

◉ 希林女士的角色：石關里子（主角妻子野野宮綠的母親）

人生一直走在菁英之路上的主角良多，有一天發現六年來苦心扶養的兒子在出生的醫院被抱錯了。要選擇血緣、還是到目前爲止共度的時光？在兩個家庭糾葛與苦惱後，嘗試某個決定。

©2013 フジテレビジョン アミューズ ギャガ

【導演、劇本、剪輯】是枝裕和【演出】福山雅治、尾野眞千子、眞木陽子、Lily Franky、二宮慶多、黃升炫、風吹純、樹木希林、夏八木勳等【拍攝】瀧本幹也【燈光】藤井稔恭【錄音】弦卷裕【美術】三松惠子【服裝】黑澤和子【發行】GAGA【製作】富士電視台、Amuse、GAGA【片長】120 分【上映日期】2013 年 9 月 28 日【獲獎】坎城國際影展評審團獎、聖賽巴斯提安國際影展觀衆票選獎、溫哥華國際電影節觀衆票選獎等

◉ 海街日記／海街 diary ／ Our Little Sister ◉ 2015

◉ 希林女士的角色：菊池史代（主角三姐妹的大伯母）

住在鎌倉的香田家三姐妹——長女幸、次女佳乃、三女千佳收到十五年前離家的父親過世的消息。爲出席葬禮而前往山形的三人，在那裡見到同父異母的十四歲妹妹。長女幸向失去依靠的她提議一起回鎌倉老家，鈴成爲香田家的一員展開新生活……。

©2015 吉田秋生・小学館／フジテレビジョン 小学館 東宝 ギャガ

【導演、劇本、剪輯】是枝裕和【演出】綾瀨遙、長澤雅美、夏帆、廣瀨鈴、大竹忍、堤眞一、風吹純、Lily Franky、樹木希林等【拍攝】瀧本幹也【燈光】藤井稔恭【錄音】弦卷裕【美術】三松惠子【服裝】伊藤佐智子【配樂】菅野洋子【料理攝影師】飯島奈美【廣告美術】森本千繪【原著】吉田秋生《海街日記》（小學館）【發行】東寶、GAGA【製作】富士電視台、小學館、東寶、GAGA【片長】126 分【上映日期】2015 年 6 月 13 日【獲獎】聖賽巴斯提安國際影展觀衆票選獎、日本電影學院獎最佳影片獎、最佳導演獎、最佳攝影獎、最佳燈光獎等。樹木以本作品獲得 TAMA 電影獎最佳女演員獎

◉ 比海還深／海よりもまだ深く／ After the Storm ◉ 2016

◉ 希林女士的角色：篠田淑子（主角篠田良多的母親）

失意小說家良多爲了生活選擇在偵探事務所工作，他沒有辦法放下對前妻響子的留戀。某一天，前往在社區裡一個人生活的母親淑子家中的良多、響子和十一歲的兒子眞悟，由於颱風無法返家，只能留宿奶奶家共度一晚。

©2016　フジテレビジョン バンダイビジュアル　AOI Pro.　ギャガ

【原案、導演、劇本、剪輯】是枝裕和【演出】阿部寛、眞木陽子、小林聰美、Lily Franky、池松壯亮、吉澤太陽、橋爪功、樹木希林等【拍攝】山崎裕【燈光】尾下榮治【錄音】弦卷裕【美術】三松惠子【服裝】黑澤和子【配樂】Hanaregumi【發行】GAGA【製作】富士電視台、萬代影視、AOI Pro.、GAGA【片長】117 分【上映日期】2016 年 5 月 21 日【獲獎】挪威南方電影節銀鏡獎（最佳作品）、高崎影展最佳新人男演員獎（吉澤太陽）、波士頓 Chlotrudis 獎最佳女配角獎

◉ 小偷家族／万引き家族／ Shoplifters ◉ 2018

◉ 希林女士的角色：柴田初枝（主角柴田治的母親）

在一間小平房裡，治及信代夫妻、兒子祥太、信代的妹妹亞紀、治的母親初枝一起生活。冬季的某天，治將在附近住宅區走廊看見的顫抖小女孩帶回家當成女兒扶養。但是，以某個事件爲契機，家族開始四分五裂，各自懷抱著的秘密及懇切的心願一個個眞相大白。

©2018　フジテレビジョン　ギャガ　AOI Pro.

【導演、劇本、剪輯】是枝裕和【演出】Lily Franky、安藤櫻、松岡茉優、池松壯亮、城檜吏、佐佐木光結、高良健吾、池脇千鶴、樹木希林等【拍攝】近藤龍人【燈光】藤井勇【錄音】富田和彥【美術】三松惠子【服裝】黑澤和子【配樂】細野晴臣【發行】GAGA【製作】富士電視台、AOI Pro.、GAGA【片長】120 分【上映日期】2018 年 6 月 8 日【獲獎】坎城國際影展金棕櫚獎（最大獎）、洛杉磯影評人協會獎外語電影獎、凱薩電影獎外語電影獎、奧斯卡金像獎最佳外語片獎、日本電影學院獎最佳影片獎、最佳導演獎、最佳劇本獎、最佳女主角獎（安藤櫻）等。樹木以本作品獲得報知電影獎女配角獎、日刊體育電影大獎女配角獎、日本電影學院獎最佳女配角獎、每日電影獎女配角獎

CM

◉ 味滋康／金納豆　超軟納豆入口即化豆

◉ 2007

是枝擔任導演。播出訝異於「入口即化豆」嶄新口感的美味，不禁發出稱不上聲音的聲音，一邊將兩頰塞滿的「眞實感／吃」篇，及邊碎唸著「我家孩子，究竟爲什麼不結婚呢……」邊攪拌納豆的「眞實感／攪拌」篇。

【製作】博報堂

◉ 伊藤忠商事／「一個商人，無數的使命」系列

◉ 2015

以紀錄片手法拍攝的廣告系列。貼身採訪於伊藤忠商事工作的員工，剪取出平常工作的模樣及入社典禮、退休典禮等員工的「日常」。

【製作】SUN-AD

TV

◉ 課外授業　歡迎前輩／透過相機與世界相遇　是枝裕和（電影導演）◉ 2014

名人到訪母校進行課外課程系列節目的其中一篇。是枝造訪的是待到小學三年級的母校——練馬區北町小學。課程的主題是「透過相機發現世界」。孩子們帶著求知的工具「相機」前去採訪「想知道的事、不知道的事」……。樹木擔任「講述」（旁白）。

【播出日】2014 年 12 月 26 日【電視台】NHK【製作】NHK、TV MAN UNION

首次收錄

雜誌《SWITCH》

2008年7月號　是枝裕和×樹木希林〈看著我的人〉

2015年6月號　樹木希林〈糾結的世界〉（訪談者：是枝裕和）

2016年6月號　樹木希林〈為玩而生否〉（訪談者：是枝裕和）

2018年6月號　樹木希林〈執導般的演出、對話般的演出〉（訪談者：是枝裕和）

＊另外，更改了各篇報導的原標題，並大幅修改、增添了內容。

參考文獻

井上光晴《明日　一九四五年八月八日・長崎》集英社，1982

加藤治子《一個女人》福武書店，1992

久世光彥《家的味道　城市的聲音》主婦之友社，2001

久世光彥《事到如今　大遺言書》新潮社，2004

久世光彥《大遺言書》新潮社，2003

久世光彥等《久世塾》平凡社，2007

久世光彥《思慕的人》中央公論社，1994

久世光彥《陛下》新潮社，1996

小林龍雄《久世光彥 vs. 向田邦子》朝日新聞出版，2009

齋藤史《遍紅》短歌新聞社，1994

《調查情報》株式會社東京放送編輯考察部，1986年9月號

《調查情報》TBS媒體綜合研究所，2010年3・4月號／2011年11・12月號

向田和子《向田邦子的情書》新潮社，2002

向田邦子《宛如阿修羅》大和書房，1981

向田邦子《父親的道歉信》文藝春秋，1978

向田邦子《寺內貫太郎一家》產經新聞社出版局，1975

向田邦子《冬季運動會》新潮社，1985

箭內道彥《風與搖滾樂》特輯「樹木希林」2007年8月號／2013年4月號

山田太一《今晨之秋・春天前的祭典》大和書房，1989

圖片

是枝裕和	p171、172、207、362、367
川内倫子	p2-9、129、185、219、267
新津保建秀	p10、11、159
Takashi Homma	p13、91
宮本武	p14、27
瀧本幹也	p16、53
高柳悟	p349
Taka Mayumi	p408

是枝裕和｜Koreeda Hirokazu｜電影導演。1962 年生於東京都。早稻田大學畢業後，進入 TV MAN UNION，參與紀錄片節目的執導。1995 年，以《幻之光》出道，獲得第 52 屆威尼斯國際影展金奧薩拉獎。1998 年獨立拍攝《下一站，天國！》。2004 年，《無人知曉的夏日清晨》一舉摘下坎城國際影展史上最年輕的最佳男主角獎（柳樂優彌）。2009 年，《空氣人形》拿下第 62 屆坎城國際影展「一種注目」單元最佳影片。2013 年，《我的意外爸爸》獲得坎城國際影展評審團獎。2014 年，從 TV MAN UNION 獨立出來，與西川美和、砂田麻美等人創立製作者集團「分福」。2015 年，《海街日記》榮獲第 39 屆日本電影金像獎最佳影片、最佳導演、最佳攝影和最佳照明獎。2016 年，作爲電影、影像製作者的作品廣受好評，獲得第 8 屆伊丹十三獎。2017 年編導《第三次殺人》，榮獲第 41 屆日本電影學院獎最佳影片。2018 年，繼黑澤明、今村昌平之後，以《小偷家族》奪得坎城國際影展金棕櫚獎。2019 年，邀請茱麗葉・畢諾許、凱薩琳・丹妮芙兩位法國影后拍攝外語片《眞實》。目前正在進行由宋康昊、裴斗娜擔綱演出的日韓合作新片《Broker》。著有《我在拍電影時思考的事》（臉譜出版）等書。

樹木希林｜Kiki Kirin｜演員。1943 年生於東京都。1961 年，進入文學座附屬演劇研究所，將藝名取爲「悠木千帆」。1964 年演出電視劇《七個孫子》，與森繁久彌的輕鬆互動獲得人氣。電視劇代表作有《時間到了喔》、《寺內貫太郎一家》、《夢千代日記》等。亦演出富士軟片《富士即可拍》、味之素《烹大師》等廣告，以個性派演員身分受到注目。1977 年改名爲「樹木希林」。2000 年以後於電影中表現活躍，亦有衆多如《橫山家之味》、《記住我的母親》等擔任主角的作品。2008 年獲頒紫綬褒章；2014 年獲頒旭日小綬章。2013 年，發表全身罹癌一事。丈夫爲搖滾歌手內田裕也（2019 年 3 月 17 日過世），長女爲作家、演員內田也哉子，女婿爲演員本木雅弘。2018 年 9 月 15 日過世，享年 75 歲。

呂宜庭｜譯者｜國立政治大學教育學系畢業，慶應義塾大學文學研究科日本語教育學研究所碩士。

Source 書系｜ 1. 鯨魚在噴水，佐藤卓／2. 就是喜歡！草間彌生，Pen 編輯部／3. 海海人生！橫尾忠則自傳，橫尾忠則／4. 可士和式，天野祐吉、佐藤可士和／5. 決鬥寫眞論，篠山紀信、中平卓馬／6. COMME des GARÇONS 研究，南谷繪里子／7. 1972 青春軍艦島，大橋弘／8. 日本寫眞 50 年，大竹昭子／9. 製衣，山本耀司／10. 背影的記憶，長島有里枝／11. 一個嚮往清晰的夢，Wibo Bakker／12. 東京漂流，藤原新也／13. 看不見的聲音，聽不到的畫，大竹伸朗／14. 我的手繪字，平野甲賀／15. Design by wangzhihong.com（王志弘作品選），王志弘／16. 爲何是植物圖鑑，中平卓馬／17. 我在拍電影時思考的事，是枝裕和／18. 色度，德瑞克・賈曼／19. 想法誕生前最重要的事，森本千繪／20. 朱紅的記憶：龜倉雄策傳，馬場眞人／21. 字形散步　走在台灣：路上的文字觀察，藤本健太郎／22. 改變日本生活的男人：花森安治傳，津野海太郎／23. 建構視覺文化的 13 人，idea 編輯部／24. 無邊界：我的寫眞史，細江英公／25. 我思我想：我的寫眞觀，細江英公／26. 球體寫眞二元論：我的寫眞哲學，細江英公／27. 製作文字的工作，鳥海修／28. 瑪莉娜・阿布拉莫維奇死後，James Westcott ／29. 創意競擇，肯・科辛達／30. 塑思考，佐藤卓／31. 與希林攜手同行，是枝裕和／32. 我的插畫史：1960–1980，南伸坊

Instagram #source_series

主要獲獎

ADC 獎（銀獎）→	細江英公自傳三部作
TDC 獎→	細江英公自傳三部作
東京 TDC 獎（入選）→	看不見的聲音，聽不到的畫、決鬥寫眞論（二版） Design by wangzhihong.com、字形散步 走在台灣 改變日本生活的男人、建構視覺文化的 13 人
韓國坡州出版美術獎→	Source 書系
開卷翻譯類好書獎→	海海人生

王志弘｜選書、設計｜平面設計師，AGI 會員。致力於將字體設計融入到設計項目中，涉及文化和商業領域。他與出版社合作推出了自己的出版品牌，以國際知名藝術家的翻譯書籍和他們的作品為特色，包括荒木經惟、大竹伸朗、橫尾忠則、中平卓馬和 COME des GARÇONS。他獲得的獎項包括 ADC 銀獎、TDC 獎、東京 TDC 提名獎、韓國坡州出版美術獎年度最佳設計，以及 HKDA 葛西薰評審獎。著有《Design by wangzhihong.com》。

主要獲獎

ADC Awards ｜ Silver Cube ｜ 2021

TDC Awards ｜ Certificate of Typographic Excellence ｜ 2021

International Poster Triennial Toyama ｜ Selected Work ｜ 2021

Tokyo TDC Awards ｜ Excellent Works x 15 ｜ 2009, 2012-2014, 2017-2021

Tokyo TDC Awards ｜ Prize Nominee Works x 2 ｜ 2018-2019

Paju Book Award ｜ Best Book Design ｜ 2014

Golden Butterfly Award ｜ Golden Award x 6 ｜ 2005, 2008, 2009, 2012

HKDA Asia Design Awards ｜ Kaoru Kasai's Choice Award ｜ 2009

Source 31／與希林攜手同行（希林さんといっしょに。）／是枝裕和（Koreeda Hirokazu）／譯者：呂宜庭／選書、設計：王志弘／發行人：凃玉雲／出版：臉譜出版／發行：英屬蓋曼群島商家庭傳媒股份有限公司城邦分公司／台北市中山區民生東路 141 號 11 樓／客服專線：02-25007718；25007719／24 小時傳眞專線：02-25001990；25001991／服務時間：週一至週五上午 09:30-12:00；下午 13:30-17:00／劃撥帳號：19863813／戶名：書虫股份有限公司／讀者服務信箱：service@readingclub.com.tw／城邦網址：http://www.cite.com.tw／香港發行所：城邦（香港）出版集團有限公司／香港灣仔駱克道 193 號東超商業中心 1 樓／電話：852-25086231／傳眞：852-25789337／新馬發行所：城邦（新、馬）出版集團／Cite（M）Sdn. Bhd.（458372U）／41-3, Jalan Radin Anum, Bandar Baru Sri Petaling, 57000 KualaLumpur, Malaysia.／電話：+6-03-9056-3833／傳眞：+6-03-9057-6622／電子信箱：services@cite.my／印刷製本：漾格科技股份有限公司／一版三刷：2021 年 11 月／ISBN：978-986-235-985-3／／售價：550 元　＊本書如有缺頁、破損、倒裝，請寄回更換

國家圖書館出版品預行編目　　Cataloging in Publication｜CIP

與希林攜手同行／是枝裕和著；呂宜庭譯・——初版・——臺北市：臉譜出版
英屬蓋曼群島商家庭傳媒股份有限公司　城邦分公司發行，2021.08，424 面
12.8×18.8 公分・——（Source；31）　　ISBN 978-986-235-985-3（平裝）
1. 樹木希林　2. 演員　3. 傳記

783.18　　110008573